再生资源产业
绿色发展研究

基于再生铅的点、链、网视角

田 西　著

GREEN DEVELOPMENT STUDY ON
SECONDARY RESOURCES INDUSTRY

From the Spot, Chain,
and Network Perspectives of
Secondary Lead

社会科学文献出版社
SOCIAL SCIENCES ACADEMIC PRESS (CHINA)

前　言

当前我国经济增长与资源、环境的冲突相当显著，环境污染和生态破坏的现象尚未得到有效控制。绿色发展是在粗放型经济发展模式基础上，充分考虑生态环境容量和资源承载力限制条件的新型发展模式。加快发展城市矿产产业，对我国经济社会的绿色发展具有重大意义。但我国还缺乏科学的绿色回收技术择选方法与再生资源产业绿色发展机制，需要开展相关的探索研究工作。本书选取铅为案例，铅是世界上重要的有色金属资源，主要用于生产铅酸蓄电池等产品。铅酸蓄电池是被广泛应用在各个领域的电化学储能产品，从其被发明至今已经历了160年，但其仍以独特的技术优势在电池市场占据一定的地位。近年来，随着汽车、电动自行车等产业的迅速发展，铅酸蓄电池的需求量与废弃量在快速增长。如果得不到适当的处置，就容易引发铅污染事故。再生铅作为我国循环经济的重要组成部分，在减少环境污染与缓解资源压力方面做出了巨大的贡献。我国铅污染问题尚未解决，铅再生工艺参差不齐且亟待科学评价，落后回收体系急需制度规范。围绕该主题进行研究，对促进我国原生铅资源的节约与环境的保护、科学量化资源再生工艺的环境经济价值、探索我国再生资源产业绿色发展模式等具有重要的理论与现实意义。本书主要涉及以下内容。

第一，探讨环境外部性理论，从三个层面对我国再生资源产业特性进行分析。首先，对于再生资源企业，本书在判断典型再生资源的经济价值与环境危害特性后，发现再生资源产业的共性与特性，分析单位回收率、回收工艺水平、废料价格等因素对企业经济利润造成的影响，指出片面追求经济利润可能引发环境问题。解释不同资源再生工艺对环境负外部性的影响，分析废铅回收率、回收工艺对负外部性造成的影响，分析传统环境监管模式下再生资源产业发展的特征，指出监管存在漏洞导致引发再生资源产业环境问题，剖析再生资源企业"工艺逆选择"的原因。其次，针对再生资源产业作为废物回收产业的环保属性，分析资源回收同时具备的负外部性与正外部性，将视角延伸到再生资源产业链中的利益相关者，分析利益相关者对再生资源企业环境负外部性的影响，以及资源回收对公众的影响，指出应当建立新的再生资源运行机制，将再生资源企业带来的正外部性内部化。最后，剖析再生资源跨省份转移现象背后公众与管理部门的利益出发点，指出再生资源在跨区域回收处置方面存在冲突，即电池回收在减少对某省份污染的同时，给其他省份带来污染。

第二，对我国典型铅再生工艺的经济与环境影响进行评价。选取工艺A反射炉、工艺B转炉、工艺C富氧底吹炉三类传统铅再生工艺，以及工艺D柠檬酸浸出与工艺E碱性溶液浸出工艺，进行分析范围界定。使用技术经济评价方法，对五种回收工艺进行经济利润分析，发现在传统工艺中，工艺A具有显著的技术优势，而工艺B与工艺C的经济性次之，但三者的经济利润均在4000元/吨左右；相对而言，两种创新工艺的经济利润较少，为2000~3000元/吨，说明如果仅从技术经济性进行分析，则创新工艺可能还不存在优势。在对五种工艺进行溯源型环境影响评价并分析不同工艺相应的直接与间接环境影响后，本书发现工艺 A 的直接环境影响最大；而考虑间接污染排放后，本书发现工艺 D 由于存在潜在的环境污染，总的环境影响较大。最终本书认为工艺 B 为目前最佳工艺，可以作为产业技术升级的重点推荐对象，以为后续定量研究再生铅产业环境责任协调机制提供依据。工艺 C 虽然在经济与环保性方面与工艺 B 基本一致，但由于其运行需要结合原生铅矿，因此其可以作为我国现阶段并存的铅再生工艺。而创新工艺 E 对环境的影响最小，在实现工厂规模化生产且验证其能够稳定运行后，可以作为今后推荐的工艺。

第三，对我国废铅酸蓄电池跨区域流动轨迹进行模拟，发现各省份之间存在显著的废铅跨区域转移量。本书使用最小距离最大流模型（MDMF）分析我国 2013 年废铅跨省域转移量，发现全国总的废铅跨省域转移量为 99.6 万吨，约占全国废铅总产生量的 63%。17 个省份需要将部分或全部废铅转运至周边省份进行处置。广东省、山东省和河北省的废铅流出量分别为 16.07 万吨、14.72 万吨和 10.57 万吨；安徽省、湖北省和河南省的废铅流入量分别为 34.31 万吨、28.02 万吨和 26.10 万吨。

第四，对我国再生铅产业绿色发展模式的构建进行研究。首先，尝试选用宏观统计数据中的单位环境治理费用，将五种工艺排放的污染物转化为相应的治理成本。然后结合五种工艺的经济利润，得出五种工艺的绿色经济利润。发现工艺 A 的绿色经济利润为负值；而工艺 B 与工艺 C 相应的治理成本较低，绿色经济利润具有较大优势；创新工艺 D 与传统工艺相比，绿色经济利润较少；工艺 E 与传统工艺相比具备竞争优势。所以应当向生产者或使用者征收技术升级费用，以支持工艺 B 在市场运行中取得经济优势。其次，在讨论与设计再生铅产业环境责任协调机制后，应当定量制定补贴金额的方法。通过选用支付意愿法，调研公众对支持废铅酸蓄电池清洁回收愿意承担的补贴额度。通过对比以上数据发现，在这个补贴水平下，先进技术相对于落后技术而言存在经济优势，从而判断再生铅产业技术升级存在可行性，并为今后环境责任协调机制的运行提出建议。再次，对我国废铅跨区域转移的环境责任进行解析，并探讨相应的生态补偿机制。结合前面章节对铅再生工艺单位污染量的研究数据，得出各省份之间由于废铅酸蓄电池跨区域处置而带来的环境责任。从研究结果中可以看出，虽然在技术升级后，整体的污染物排放量有所减少，但由于外部省份废铅大量流入某省份，其仍会对该省份的环境造成冲击。最后，分别针对再生铅回收企业工艺择选标准、铅酸蓄电池生产商与消费者的环境责任、废铅转出与转入省份间的补偿方案提出建议。

本书通过综合分析我国典型铅再生工艺的技术经济与环境影响、探讨基于铅循环周期的环境责任协调机制以及废铅跨区域转移的生态补偿机制，分别阐释我国再生资源产业绿色发展过程中需要的绿色技术与绿色机制，从经济与环境双重视角，为我国再生资源产业探索绿色发展方式提供思路。

感谢国家自然科学基金委员会"我国废铅资源循环利用产业跨区域多主体协调发展研究"（41801209）项目与南昌大学应用经济学省一流学科建设经费对本书出版提供的资助。

目 录

第一章　再生资源产业绿色发展的背景

再生资源产业可以有效地节约资源与保护环境，是我国经济社会绿色发展的重要组成部分。本书以典型再生资源循环利用产业为案例，开展相关理论与实证研究，在总结目前我国再生资源产业存在的多个问题后，结合国内外在资源再生技术、评价方法、物质循环、环境责任等方面的研究进展，指出存在的研究空间。同时，尝试从"点"（资源再生工艺）、"链"（资源再生产业链条）、"面"（资源再生中的区域转移）三个层面进行研究，提出本书的研究技术路线。

一　我国经济社会绿色发展的战略需求

我国处于工业化、城镇化快速发展阶段，现阶段经济发展水平相对较低，整体技术水平较落后，还需要进一步深入地转变经济增长方式。我国巨大的人口压力与多种自然资源紧缺的矛盾还将长期存在，社会经济发展与自然资源环境的冲突依旧十分显著，全国范围内生态环境受到污染的情况还没有得到有效的控制，中央与地方政府面临大量的生态环境治理问题。如何在社会经济发展的实践当中更好地贯彻落实可持续发展理念，探索具有中国特色的可持续发展道路成为举国上下寻求突破的关键。一方面，党和国家领导人高瞻远瞩，借鉴国外发展经验，总结我国发展实践，立足社会主义初级阶段基本国情，适应新的发展要求，适时提出了科学发展观。另一方面，在突破资源、环境、经济与社会之间相互约束的实践中，人们逐渐寻找到一种可持续发展理念的实践途径，并形成了一种全新的发展模式，即绿色发展。它是在传统经济发展模式基础上进行的一种创新。绿色发展理念基于我国有限的生态环境容量与资源承载能力，重视对生态环境的保护。

党的十八届五中全会提出："坚持绿色发展，必须坚持节约资源和保护环境的基本国策，坚持可持续发展，坚定走生产发展、生活富裕、生态良好的文明发展道路，加快建设资源节约型、环境友好型社会，形成人与自然和谐发展现代化建设新格局，推进美丽中国建设，为全球生态安全作出新贡献。"我国有学者对社会整体的绿色发展观进行讨论，强调经济、社会和自然间的系统性、整体性和协调性。在机制分析中，强调三者的共生性和交互机制，其中提到绿色福利是绿色发展的目标，绿色规划是绿色发展的战略引导，使各级地方政府放弃GDP本位主义，把绿色发展的理念融入地方发展规划中。还有学者对工业绿色发展进行研究，从而为监测、评估和诊断中国工业绿色发展情况提供支撑。研究认为，工业绿色发展是在促进工业经济持续较快增长和提供更多更好工业产品和服务时，采用绿色工艺流程、制造绿色低碳产品、转型绿色新兴产业，最终缓解工业发展与资源环境容量有限之间的矛盾。

资源循环回收产业在以往的研究中，被作为循环经济与绿色发展的重要组成部分。在资源环境瓶颈约束日益突出的同时，城市矿产产业涉及的再生资源却在不断增长。再生资源将是 21 世纪社会经济发展的主要资源来源，也是唯一在增长的资源。基于再生资源具有显著的载能性、循环性和减排性等多重复合特性，加快发展城市矿产产业，对我国经济社会的绿色发展具有重大战略意义和现实价值。但由于现阶段我国城市矿产产业发展不够成熟，我国在促进经济发展与注重环保方面还存在一些问题。资源回收工艺落后，且缺乏科学的绿色回收技术择选方法；再生资源产业的运行机制尚不完善，尚未形成绿色发展机制。

二 典型再生资源循环产业的发展态势

再生资源产业在我国发展方兴未艾，随着各类资源回收量迅速增长，相关的评价方法与管理研究也在不断增加和深入。但由于再生资源种类繁多且特征差异较大，有必要抓住一种典型再生资源，围绕其具备的经济价值与环境影响这类典型特征展开深入的研究，并在形成系统化的模型后，将其推广到更多的再生资源中。在循环过程中，应实现既经济又环保，关乎资源循环产业绿色发展的目标。废铅的经济价值较高，且目前回收行业的污染问题较严重，本书以再生铅为代表，对再生资源产业的绿色发展进行探讨。

全世界生产的精铅主要用来制造铅酸蓄电池，铅酸蓄电池的铅消费总量占到了精铅产量的 80% 以上，美国铅消费量用于制造铅酸蓄电池的比例由 2008 年的 88% 增长至 2010 年的 95%。铅的传统用途为制造铅酸蓄电池、涂料、管材、密封件、焊料、汽油添加剂等，但由于铅对人体的毒性，其在涂料、焊料、汽油添加剂等大部分领域的使用量迅速减少。铅酸蓄电池是人类发展历史上最为悠久的二次电池，是世界上第一个被商业化应用的可再充电池，自 1859 年由法国物理学家普兰特发明以来，已经在人类经济社会存在了 160 年。这期间，人类在产品技术研发方面取得了显著的进步，包括其产品种类的增加、产品电气性能的提升。铅酸蓄电池在交通、通信、电力、航海等领域发挥了重要作用。因此，铅酸蓄电池目前已成为世界上被广泛使用的一种化学电源。铅酸蓄电池具有低廉的成本、稳定的性能，与其他电池相比具备较强的优势。铅酸蓄电池已经发展成为世界上产量最大的电池产品，2013 年生产量占电池行业总量的 50%，占充电电池产量的 70%，即便是欧美日等世界上发达的国家和地区，至今也仍大量生产和使用铅酸蓄电池。

铅酸蓄电池主要可以分为启动、动力与储能三类电池，分别应用于汽车、电动车、通信基站等产业。随着铅酸蓄电池需求量的快速增长，铅矿开采、铅矿冶炼、产品制造产业也迅速发展起来。铅酸蓄电池使用寿命较短且再生性良好，促使再生铅产业近年来迅速扩张。2015 年，全球精铅产量约为 1089.8 万吨，其中再生铅所占比重在一半以上。

随着我国汽车与电动自行车产量及保有量的迅速增加，铅酸蓄电池的年消费量也快速增长。从我国精铅资源的应用去向可以看出，铅酸蓄电池所占的比重从 2008 年的 78% 提升到 2010 年 84% 这一极高的水平。启动电池主要用于汽车行业，铅酸蓄电池的使用比例占到汽车启动电源的 100%。随着我国工业化与城镇化的发展，尤其是我国于 2001 年加入世贸组织后，长期压抑的汽车消费能力得到释放，我国汽车产销量于 2009 年首次超过美国，我国成为全球最大消费市场。2011 年汽车保有量已突破 1 亿辆，2015 年我国汽车销售量为 2459.75 万辆，摩托车销售量为 1883.22 万辆；截至 2015 年底，我国机动车保有量达2.79亿辆（其中汽车为1.72亿辆，摩托车为0.91亿辆）。动力电池主要应用于电动自行车与电动车行业，占电动自行车动力电源的90%。由于人均收入与人口密度与西方国家存在差异，电动自行车因购置、使用和维护成本低廉以及功能方面的适用性，成为中国居民常用的交通工具。自20世纪90年代中后期开始，特别是2008年以来，中国电动自行车等交通工具产量增长迅速。其中1999年全国电动自行车产量仅有15万辆，但2008年电动自行车产量达到2300万辆，保有量达到8000万辆；2015年，电动自行车产量为3003.36万辆，保有量为2亿辆。

储能电池成为今后最大的增长点之一，随着清洁能源的发展，分布式风能/太阳能发电站都需要用电池进行储能。

随着汽车与电动自行车保有量的迅速增长，铅酸蓄电池产业也迅速发展，并且应用行业已经从汽车启动电源、电动自行车等发展到新能源汽车、风能/太阳能发电站等行业。2013年铅酸蓄电池总产量达到2.05亿千瓦时，至2016年产量一直保持在2亿千瓦时以上，我国2001～2016年铅酸蓄电池产量增长情况如图1-1所示。

我国铅酸蓄电池制造业每年消耗全国大量精铅资源，随着铅酸蓄电池产业的快速发展，我国每年铅产量由2001年的120万吨增加到2015年的470万吨。截至2019年，已经连续超过十年居世界第一位。此外，铅酸蓄电池使用寿命一般在两年左右，所以每年产生了大量废铅酸蓄电池。年报废铅酸蓄电池涉及的废铅量占全社会废铅总量的80%以上，这个数量也在不断增加。

我国精铅总产量占全球总产量的46.1%，已成为世界精铅铅锭生产与消费第一大国。然而在再生铅产量方面，其只占世界总量的29.5%，与前者相比显得较低。我国再生铅产业真正发源于1950年以

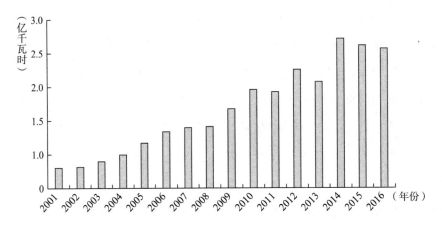

图 1 – 1　我国 2001～2016 年铅酸蓄电池产量增长情况

资料来源：根据网络公开资料整理得到。

后，但其间发展缓慢，直到 1978 年后才出现一些独立专业化的再生铅企业，当年全国产量只有 1.86 万吨，2001 年再生铅产量为 21 万吨，之后迅速增至 2015 年的 185 万吨，长期以来占铅产量的比重保持在 30% 左右（见图 1 – 2）。而欧美发达国家再生铅产量占铅产量的比重在 60% 以上。美国是铅酸蓄电池制造与消费大国之一，虽然它的再生铅产量与我国相近，但它的再生铅产量已占铅产量的 91% 以上。并且随着近年来关闭国内最后一家原生铅冶炼工厂，其再生铅所占比重有望达到 100%。随着经济的发展，我国再生铅所占比重会进一步提高。

2001 年我国排前十位铅生产企业的产量占全国总产量的 52%，2005 年降至 41%。这说明之前铅工业的迅速增长，只是铅冶炼企业数量和产量的简单增长，并未真正增强自身的国际竞争力。已有资料显示，2005 年，我国再生铅企业有近 300 家，分布于 27 个省份，年产量在 2 万吨以上的企业只有 20 家，10 万吨以上的企业只有 6 家，95% 以上是非国有企业，大多数企业产能从几十吨到几千吨不等，还有大量作坊式冶炼工厂长期存在。2011 年我国铅的总产能是 559 万吨，但其中先进产能低于 250 万吨，企业数量减至 240 多家，但平均产能仅为 4500 吨/年，年产能超过 10 万吨的企业有 10 家左右，前十家的总产能大概占我国总产能的 40%，单系列生产规模在 3 万吨/年以上的再生铅企业占行业的 1/3。整体而言，小规模再生铅工厂回收了我国 50% 以上的废铅资源，它们的回收量已和大规模企业基本持平，行业集中度低下，抗风险能力较弱。

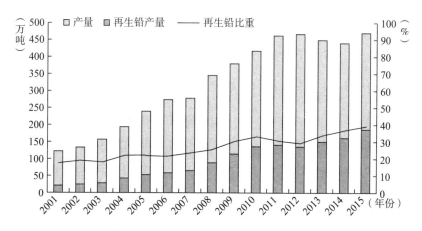

图 1 - 2 我国 2001 ~ 2015 年再生铅与原生铅产量情况

资料来源：根据网络公开资料整理得到。

我国再生铅产能在 2001 年仅有 24 万吨，截至 2013 年，去除 10 万吨以下非法小冶炼产能后，年均增长率为 24%。再生铅的产能利用率逐年下降，从 2001 年的 90% 降至 2013 年的 50%，我国 2001 ~ 2013 年再生铅产量与产能对比见图 1 - 3。

国外再生铅的生产集中在少数大型企业，美国有 14 家，法国有 5 家，英国有 5 家，德国有 2 家。美国再生铅工厂建立前，需要经过环保部门的严格检查，在获得环保部门发放的危险固体废物处置经营许可证后，才能够正常进行生产。在同一个州或者地区，地方政府一般只会允许建立 1 ~ 2 家年产能在 2 万吨以上的再生铅工厂。再生行业排

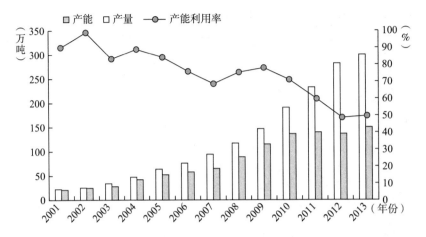

图1-3 我国2001~2013年再生铅产量与产能对比

资料来源：根据网络公开资料整理得到。

前5名的企业产量达到了全国产量的80%，排前11名的工厂的总回收量占美国再生废铅总回收量的99%，大部分回收利用工作是由7家公司旗下的14个再生铅工厂完成的，这些工厂分布在10个州。美国产业集中度高，对再生铅工厂进行监管的工作难度较小，对再生铅行业的环保要求非常严格，其一旦出现污染就会被处以巨额罚款或直接关停。2011年中美再生铅产业集聚度对比见表1-1。

表1-1 2011年中美再生铅产业集聚度对比

指标	中国	美国
产量	140万吨	120万吨
企业数量	240多家	14家
平均产量	0.6万吨/家	8.6万吨/家
分布省份（州）	27个	10个
前十家占全行业比重	40%	95%
小厂处置资源比例	50%以上	1%

资料来源：根据网络公开资料整理得到。

三　研究的必要性与紧迫性

再生资源产业作为我国循环经济的重要组成部分，在减少环境污染与缓解资源压力方面做出了巨大的贡献，但我国目前存在较多问题，与欧美等发达国家相比，主要表现为再生资源产业污染程度严重、整体工艺水平落后、先进工艺再生资源企业处于生产成本劣势等。因此，有必要且急需为此提出相应的解决对策。

（一）再生资源企业污染问题尚未根本解决

我国铅资源储量约为 1400 万吨，占世界的 16%，是世界第二大铅资源国家。然而，由于我国铅矿的品位较低，2012 年全国铅矿平均品位已低至 2.88%，剩余铅资源开采难度较大，因此国内原生铅资源无法支撑较大的需求量，近年来我国大量从国外进口铅，年进口量基本上维持在 140 万吨以上。此外，废铅酸蓄电池已被明确列入《国家危险废物名录》。单个重量 4 公斤的废电池，如果未经处置被随意丢弃，就将污染至少两平方米的土壤。再生铅产业回收利用废铅酸蓄电池，在减少污染物排放与缓解我国资源压力方面，发挥了显著的正面作用。但由于与铜、铝、锌这类有色金属相比，其使用量较小且价值不是很高，长期以来没有得到社会充分的重视。

按世界卫生组织估算的数据，目前全球有 1.2 亿人生活在铅污染的环境中，最严重的案例绝大多数发生在经济落后的发展中国家。2007 年，我国有学者研究了皖北再生铅冶炼地区铅污染情况，并调查当地儿童血铅超标水平，发现其空气含铅超标 3.8 倍，土壤与农作物含铅超标 200 倍，儿童血铅水平显著高于对照组。我国大部分铅冶炼工厂附近的土壤、河流沉积物与水资源样本中，铅含量远高于正常水平。近年来我国重金属污染事件保持高发态势，尤其是 2009～2011 年这段时间，是我国血铅事故爆发期。自 2009 年陕西凤翔血铅事件出现后，当年全国重金属污染事件致 4035 人血铅超标；2010 年相继发生了 9 起血铅事故；2011 年发生 7 起血铅事故，其中包括上海市浦东康桥地区部分儿童血铅超标事件；截至 2011 年初，我国铅污染事故超过 60 起，媒体报道铅冶炼和电池企业铅污染事件约 24 起。2012 年，环保部直接调度处理的环境事件共 33 起，其中仅血铅事件就有 2 起。中国重金属污染正由空气、河流污染向土壤污染转移，土壤重金属污染进入多发期。根据国土资源部提供的数据，我国每年仅因重金属污染而减产粮食量就超过 1000 万吨，被重金属污染的粮食总量每年也多达 1200 万吨，合计经济损失超过 200 亿元，这表明目前铅冶炼企业造成的污染仍然非常严重。

国外发达国家的经验表明再生铅产业并不一定会带来铅污染。在日本的东京、大阪及西方发达国家的大都市，都建有再生铅工厂。但因为环保法规健全和监管有效，污染程度远没有中国严重。在 2002 年，美国再生铅产业当年的铅排放量只有 46 吨，在污染行业排第六位，不到铅污染排放总量的 4%。所以只要对再生铅行业进行合理控制，就可以预期它的环保短板是一定可以消解的。进一步完善对该产业的研究，有利于进一步发挥该产业的优势，以为我国资源开发与环境保护做出更大的贡献。

（二）资源再生工艺参差不齐且亟待科学评价

再生铅产业中使用先进工艺的企业，给我国带了巨大的环境效益，根据《再生有色金属产业发展推进计划》，生产每吨再生铅相当于节能 659 公斤标煤、节水 235 立方米、减排固废 128 吨、减排 SO_2 0.03 吨。但目前来讲，国内还缺乏自主研发并在企业中产业化运行的工艺装备，一些正规合法企业引进了意大利安奇泰克（Engitec）公司、美国 MA 等预处理自动拆解 + 转炉熔炼系统，但这些设备投资与运行成本对国内企业来讲相对较高。废铅回收能力在 5 万吨以下的再生铅工厂主要采用手工拆解废铅酸蓄电池方法，占整个行业的 60%～70%，且大部分工厂使用国家早已明令禁止的燃煤式反射炉等淘汰工艺，很少配备相应的环保设施。我国某些再生铅工厂能源消耗量为 500 千克标准煤/吨铅至 600 千克标准煤/吨铅，这一数据比国外高 3 倍以上。以 2013 年为例，约有 300 万吨废铅酸蓄电池进入回收过程，总的回收率按 90% 计算，当年有近 20 万吨铅和其他金属资源在这个过程中流失，年产废渣量为 60 万吨，还伴随着严重的铅烟、铅尘污染。

我国再生铅产业现存的各种工艺参差不齐，没有一项被行业完全公认、接受的工艺，并且不断有科研院所与企业合作开发新工艺，一方面还无法针对不同的工艺开展定量核算，另一方面无法充分了解其对社会做出的贡献，如政府针对该产业制定退税等环境补贴政策时，缺乏科学依据来核算其带来的环境经济效益。对这些工艺进行综合评价并给出一个客观的评价结果，对今后产业朝着健康的方向发展尤为重要，因此有必要开展此方面的工作。

（三）再生资源回收利用体系急需制度规范

对行业的调研结果显示，在国内建成一个正规合法的废铅酸蓄电池回收工厂，需要投入至少两亿元资金。其中机械破碎拆解设备约 5000 万元，熔炼单元设备要 6000 万元，与之配套的除尘污水处理系统也要 6 万元，此外还需要考虑土地与厂房建设成本。但是，一个非法地下回收工厂如拥有大约 10 个工人的小作坊，通过人工拆解方法和简单的熔炉，就能进行废铅酸蓄电池的回收，投入总资金不到 10 万元。在环保整顿中，由于地方政府的监管覆盖面有限，大量小型非法企业进一步逃避监管。这些非法工厂在经济利益的驱使下继续生产，正规合法的再生铅工厂与之相比不具备经济成本优势，因自身原料不足而无法正常生产。

由于大型正规企业缺乏成本竞争优势，在废电池回收方面，全国尚无一家正规企业建立全国性回收网络，我国废旧电池回收体系混乱，大量废电池被私人无证商贩高价非法回收后倒卖，我国废铅酸蓄电池回收网络如图 1-4 所示。近十几年来，我国废铅酸蓄电池的社会保有量基本上保持 10% 以上的增长，考虑到其他可回收的废铅产品，理论上再生铅工厂的开工率应高于 70%。然而，我国前十大再生铅工厂都没有收集到足够的废铅酸蓄电池，产能利用率一直处于较低水平。在一些特大型城市，废铅酸蓄电池收集环节的问题也较为严重。例如 2013 年北京市电动自行车产生了两万吨废铅酸蓄电池，但其中六成左右最终流入非法小作坊；上海市全市废铅酸蓄电池年产生量约为 8 万吨，最终流向合法再生铅工厂的比例低于 10%。由于废铅酸蓄电池回收市场长期由"游动回收商贩"控制，废铅酸蓄电池大量流向地下非法小作坊，存在"倒酸"污染、不规范流向污染和财税流失等问题。2014 年废铅酸蓄电池产生量约为 320 万吨，全国 30 个危险废物经营许可证持证单位共回收废铅酸蓄电池 27.2 万吨，仅占 8.5%。废电池打孔随意倒酸量每年超过 26 万吨，铅污染严重。如按增值税的 70% 测算，财税流失每年约为 27 亿元。

在一些先进国家，政府规定铅酸蓄电池的使用者、销售商或个人用户有回收上缴的义务。所以在这些国家，废铅价格只包括相应的收集、运输、仓储、回收利用成本，并不包含废铅材料的购买价格。我国废铅价格占 LME 铅价的 55%，而马来西亚废铅价格只占 LME 铅价的 35%，其他发达国家这一指标更低。这主要是因为我国废铅酸蓄电池经过多级贸易商，被层层加价采购后，废铅价格畸高不下，使再生铅工厂难以承受相应的成本。

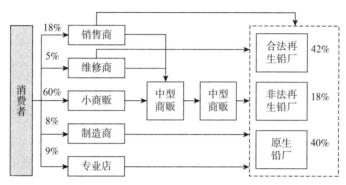

图 1 - 4　我国废铅酸蓄电池回收网络

资料来源：根据网络公开资料整理得到。

以上问题说明，除了技术问题外，管理制度也是造成这些问题的主要原因之一。但由于国情不同，我国在环保监督方面仍旧存在一些漏洞，很难照搬发达国家的管理制度，因此，应当探索出符合我国目前国情的方法，通过对产业链中相关利益主体环境责任的研究、对区域间异地生态环境影响的研究，探索产业制度模式的创新，使我国再生铅产业走上绿色发展道路，并在形成系统化理论方法、模型后，将其推广到更多的再生资源中，以指导整个再生资源产业绿色发展。

四　国内外研究进展评述

国内外学者对铅再生技术与技术评价方法进行了大量的研究；有学者对铅循环与循环周期中利益相关者的环境责任进行研究。本书将结合这些成果，探索可以与本主题结合进行研究的空间。

（一）典型资源再生技术研究

长期以来，由于对环保方面的重视不足，我国大部分再生铅企业使用的回收工艺较为落后，以反射炉为主，在将电池壳去掉后，就把板栅和铅膏一起熔炼，浪费了大量的能源，也给环境带来了严重的污染。近年来，随着我国再生铅产量的逐年增加，出现了一批工艺较为先进的回收企业，例如浙江天能电池公司在引进意大利铅回收工艺后进一步吸收改造，在将电池自动破碎后，首先进行铅膏脱硫，然后进入转炉低温熔炼，最后通过精炼生产精铅；河南省豫光金铅公司通过自主研发，使用富氧底吹工艺，直接用再生铅与原生铅矿一起炼铅，整个过程不需要使用碳作为还原剂。虽然它们基本以火法熔炼铅膏生产精铅为主，但具体工艺方式及污染排放情况等都差异较大。近年来随着我国再生铅产量逐渐增长，世界再生铅生产的重心已经转移至中国，相应的研发中心也逐渐向中国转移。除了引进国外先进的工艺设备并进行进一步的改进外，国内大学等科研机构正在联合行业领头企业，开展大量自主工艺研发工作。

我国目前再生铅企业使用的工艺，基本都以火法熔炼铅膏生产精铅为主，但具体工艺方式及污染排放量等都存在较大差异，主要为落后的粗放型反射炉熔炼回收工艺、引进国外工艺自主改造的预脱硫转炉熔炼回收工艺［以湖北金洋冶金股份有限公司（简称"湖北金洋"）、江苏春兴合金（集团）有限公司（简称"江苏春兴"）等企业为代表］和联合产业科研机构研发的搭配铅精矿熔炼回收工艺［河南豫光金铅集团有限责任公司（简称"河南豫光"等企业为代表）］等。

1. 粗放型反射炉熔炼回收工艺

2000年以来，由于回收散乱，监管不足，我国多数小型企业使用传统的鼓风炉或者反射炉来熔炼回收铅。该工艺投资成本极低,对原料适应能力强,但熔炼前板栅和铅膏大多没有完全拆分开,能耗高且回收率极低,通常仅有80%,造成了严重的污染。

2. 预脱硫转炉熔炼回收工艺

部分短窑(金洋模式:前端脱硫+后端转炉)正规企业引进意大利安奇泰克(Engitec)公司、美国MA等铅膏预脱硫加转炉熔炼系统,这个比例在逐年上升。目前国内外使用比例最高的工艺为碳酸钠脱硫加短窑熔炼工艺。该回收工艺首先使用碳酸钠溶液对铅膏进行湿法脱硫,然后将脱硫后的铅膏经过压滤后在转炉中进行火法熔炼。经过脱硫后,铅膏需要的熔炼温度降低了,同时也减少了铅烟、铅尘的排放量,缓解了对环境造成的污染。

湖北金洋使用意大利安奇泰克(Engitec)的碳酸钠脱硫加短窑熔炼工艺,类似的还有阳煤集团山西吉天利科技有限公司,其也从意大利引进此工艺。江苏春兴在引进美国转炉的基础上,做了进一步改进,使用重油代替部分天然气,但原理大致相同。该类工艺的优点是:回收率高,能耗低,环保效果好。缺点是:脱硫可能会不彻底,且脱硫副产品经济性低。

3. 搭配铅精矿熔炼回收工艺

富氧底吹(豫光模式:混合原生铅熔炼)。近几年,我国原生铅企业本着发展循环经济的理念,开始发展再生资源产业。早在1998年,河南豫光金铅集团有限责任公司和中国有色工程设计研究总院等单位开展科研合作,研发了富氧底吹-鼓风炉还原炼铅工艺,为原生铅企业回收废铅膏找到了一条新的出路。该工艺流程把铅膏和铅精矿粉根据设计的比例进行混合备料,然后将其加入富氧底吹炉进行熔炼,既省去了烦琐的脱硫工艺,又保证了硫的再利用,还可以用于生产硫酸。

为了减少再生铅火法冶炼过程中产生的铅烟与铅尘，国内外多家企业与研究机构对湿法回收工艺不断进行探索与实践。根据已有文献资料，最早从1980年开始，意大利安奇泰克（Engitec）公司与美国RSR公司对湿法回收铅膏工艺就进行了研究。此种工艺使用氟硼酸（HBF_4）或同类溶液，对铅膏进行常规浸出，然后使其进入电解槽，铅金属将沉积到阴极部分，然后原液可再返回浸出单元，对铅膏进行浸出。此种工艺的优点是：（1）常温进行，不会有工业废气产生；（2）反应溶液循环利用，没有废液排放，对环境危害程度大大降低。但存在一些缺点：（1）整个工艺处于强腐蚀环境内，需要使用超高耐腐蚀度的设备，投资额较高；（2）工艺复杂，对原料纯度要求高，我国废铅酸蓄电池收集环节受到了较多污染，如不进行预先清洁处理，则将严重干扰正常生产；（3）需要消耗大量电力，详细的经济性成本还未进行测算。基于以上原因，此工艺一直未被应用到大规模企业生产中。

近年来随着我国资源回收行业的产学研互动日益增强，较多高校和科研机构开始与企业合作，研发铅酸蓄电池中铅膏的湿法回收工艺。自主研发的主要工艺如下。

4. 柠檬酸湿法浸出回收工艺

华中科技大学的杨家宽教授联合湖北金洋冶金股份有限公司，提出一种以柠檬酸结合氨水为浸出剂的湿法回收含铅废料的新工艺。工艺流程中，首先通过浸出制备柠檬酸铅前体，经过低温焙烧获取新型超细铅粉。其对该工艺浸出反应机理进行初步探讨。新研发工艺的理论脱硫率在99.9%左右，柠檬酸铅前体在经过375℃焙烧后，可用于制造氧化度超过93.0%的铅粉产品。相对于传统工艺使用的球磨氧化铅粉，它的颗粒半径更小，表面接触面积更大。新工艺制成的铅粉在经过循环伏安法分析后，被发现具备良好的充放电性。所以研究者认为，这些新型铅粉可以用作今后电池的原材料。

5. 原子经济法湿法回收工艺

北京化工大学的潘军青教授联合超威电池公司，在碱性溶液中使用电解工艺，从废电池的氧化铅（PbO）中直接生产铅。研究者使用离子膜来避免 $HPbO_2^-$ 在阳极被氧化成二氧化铅（PbO_2）。试验条件为：电解液的电压为 1.23 伏，电流密度为 $20mA/cm^2$。研究结果显示，电流效率可达到99.9%，铅的回收效率可达到99.8%。

这些工艺大多以湿法冶炼回收为主，避免了传统火法冶炼产生的铅烟与铅尘污染，但目前这些工艺基本未完全完成正式产业化，工艺的适应性、环境污染程度、工艺成本等要素还有待考验，在此阶段还没有一个统一的评价标准对这些新研发的工艺进行评价。

（二）技术评价方法研究

针对再生铅产业发展阶段存在的诸多问题，国内外学者展开了大量的研究工作，但这相对于整个再生资源产业来说仍然较少。所以笔者在整理参考文献时，将研究相关含铅产品或铅酸蓄电池产品回收的文献与方法放入其中，以将其作为对再生铅产业研究的借鉴。

1. 技术的经济性评价

由于国外技术发展早于中国，其相应的经济成本评价研究也开展得较早，Cosmo（1995）、Bourson（1995）、Quirijnen（1999）、Zabaniotou 等（1999）分别对欧洲各国主流的铅再生工艺进行研究，并对工艺的经济效益进行了核算评价研究。

国内学者很早就从技术经济学角度开展项目经济评价方法与参数方面的研究，但近年来对铅酸蓄电池回收经济成本的研究较少，Xu

Qingbo 等（2013）对 CRT 显示器锥玻璃中铅回收的工艺进行研究，使用技术成本模型（TCM）对两种典型的单向处置模式和三种典型的回收工艺的经济成本进行分析，并对其各自的经济效益和利润敏感性进行评估，推算出较合适的回收处置方案。Marcio 等（2014）利用实用技术经济分析（Techno-economic Analysis）方法，对城市固体废弃物燃烧发电这个回收利用过程进行了经济成本与收益分析。

张菲菲（2010）对再生资源行业不同规模与工艺企业之间的成本竞争力进行了分析，用"劣币驱逐良币"逻辑解释了目前的问题。Lakshmi 和 Ashish（2013）以铅酸蓄电池为例，对发展中国家再生资源产业的发展情况进行讨论，探讨在非正规回收网络，如何使正规资源再利用企业持续健康发展，指出应当在保证利润不受影响的情况下，探索经济上的最佳可利用回收工艺，而我国目前也正缺乏这类将工艺与环境和经济效益结合的评价研究。

2. 技术的环境影响评价

虽然技术经济效益是铅再生工艺应当考虑的重点，但由于再生资源产业属于环保项目，如果该项目有较大的环境效益，则即使其在技术经济方面的评价较差，也可以通过专项环保经费补贴等方式来使项目正常运行，因此，应当对再生资源项目产生的环境影响进行评价，并将其作为对企业进行环保税费征收或环保补贴的依据。

国内外政府已经做了大量的实践工作。美国在 1970 年左右就已经开始对所有在建项目进行环境经济效益评价，并将该规定纳入《清洁空气法》，我国环保部在 2009 年颁布了《清洁生产标准 废铅酸蓄电池铅回收业》，其中将废电池回收分为火法和湿法熔炼两大类工艺，并分别对其中的能源消耗和污染物排放做出详细规定；之后国家发改委于 2015 年审议《再生铅行业清洁生产评价指标体系》，在征求多位专家意见，使用层次分析法对不同工艺进行评价后，最终将国内再生铅企业评定为国际先进、国内先进与国内一般三个档次。

但此类方法的局限为：首先，某些评价数据缺乏合理的解释且容易被找到漏洞，例如规定"铅渣中含铅量不高于2%"，工艺落后的回收工厂可以在熔炼阶段多增加一些配料，以使铅渣总重量增大而起到稀释含铅量的作用，但这对工艺排放情况的改善没有帮助；其次，该类评价方法只是将火法与湿法工艺分开进行对比，针对不同大类的工艺很难进行直接比较，仍需再组织专家进行人为的判断，整体上，客观公正性会受到影响；最后，只能参照《再生铅冶炼污染防治可行技术指南》内已有的工艺，针对现有回收工艺进行对照评价，如果国内出现了新的工艺，就必须针对此工艺专门组织产业技术专家进行探讨，然后再制定详细评定标准，操作上较为复杂且容易时间滞后。

（1）基于调研数据的生命周期评价

生命周期评价（Life Cycle Assessment，LCA）是对这点局限性很好的补充，由于设立了归一化的标准，其对任何创新工艺都具有通用性，近年来已成为产业生态学研究的重要方法之一。LCA起源于1969年，美国可口可乐公司委托中西部研究所对本公司的饮料容器进行环境影响评价。整个分析过程定量追踪了全流程数据，包括最初原料的开采，直至最终废弃物的处置。这个评价工作对特定产品生命周期中涉及的每个环节进行详细的梳理，然后把系统中每个单元的流入量与流出量进行汇总。这种方式对全流程产生的直接与间接环境负荷进行梳理，最终对总的环境影响给出科学的评价。此外，LCA与清洁生产评价标准相比另外的区别就是，前者更偏向于对生产进行评价，即使工艺较落后，也可以通过增加环保治理设备（例如布袋除尘室）来弥补，而LCA则可以专门针对回收工艺进行评价。

在废铅回收的环境影响评价方面，使用 LCA 对废铅回收降低各种污染物排放量进行分析。大部分产品目前都已经开展了生命周期评价，但评价往往忽略回收处置过程，例如使用 LCA 对中国电动自行车与其他交通工具进行全生命周期评价，主要分析铅酸蓄电池从制造、使用阶段的污染物排放情况及与其他交通工具的差异，认为使用铅酸蓄电池的交通工具相比其他燃油交通工具具有优势，但没有将铅酸蓄电池报废后的环节考虑在内。Craighill 和 Powell（1996）根据 ISO 14040 所提供的信息，介绍了生命周期评价的四个阶段，即研究目的与范围的确定、物质清单分析、影响评价以及相应的结果讨论与解释，并引用一个具体的实例说明 LCA 在废物管理中的应用。Song 等（2012）、Niu 等（2012）对 CRT 等含铅产品的全生命周期环境影响进行了评价，其中将处置阶段作为重点进行研究。

左铁镛等（2008）对中国有色金属材料循环与环境影响进行了系统研究，分析了我国有色金属工业的输入与输出端，并评价了有色金属工业的运行效率。Stavros 和 Pappis（2008）对美国铅酸蓄电池报废后各场景进行模拟，将完整的回收利用过程分为收集、拆解、熔炼与配送四个环节，并进行了全生命周期评价，虽然对整个周期考虑得较为完善，但没有对工艺进行区分。Xu Qingbo 等（2013）对 CRT 显示器锥玻璃中铅回收的工艺进行研究，使用 LCA 模型对两种典型的单向处置模式和三种典型的回收工艺的环境影响进行了评价，其选取了多个场景的多种不同参数进行模拟研究，使最终对比结果更具参考价值。其他废手机等电子产品回收的 LCA 都在国外大量展开。

铅酸蓄电池方面，Manthiram 等（2013）使用 LCA 对我国废铅酸蓄电池的火法与湿法回收方法进行了系统的评价，但只涉及两种典型工艺，不能涵盖全国主流的铅再生工艺。此外，由于我国铅酸蓄电池品牌与型号繁多，加之回收工艺多种多样，因此在实际开展生命周期评价工作中，就需要大量进行调研，耗费较大的人力、物力以获取数据，这就极大限制了其在再生铅行业的应用，专门针对铅酸蓄电池回收的 LCA 较少。

（2）基于投入产出的生命周期影响评价

传统的生命周期评价工作主要基于过程来开展。通过自下而上的方式，从基层收集各种产品在全部生产流程的直接消耗量。在生产环节，直接消耗资源造成污染物排放，以及由于直接消耗资源引发间接资源消耗与环境污染。这类基于调研的生命周期评价工作开展的方式如同一张树状图，通过将生产环节中各种资源消耗与污染排放情况逐个加到树状系统范畴内。然而，在学者经常开展的生命周期评价研究工作中，由于主观调研工作量有限，其很难完整地获取所有相关数据，因此不能将全部的要素考虑到系统范围内，这引起评估过程中的误差。基于投入产出的生命周期影响评价很好地解决了以上问题。它通过获取一个地区的价值型投入产出表，使用经济学中的列昂惕夫（Leontief）逆矩阵，能够完整地展示整个流程的资源消耗与环境影响。列昂惕夫逆矩阵可以包含一个地区经济系统内全部资源消耗与环境排放情况，从而解决了系统数据缺失的问题。然而，由于这种基于投入产出的生命周期环境影响评价主要基于社会经济生产宏观数据，它代表的为某个时间段内，一个区域内各个部门的平均值，不能专门针对某个具体产品或工艺开展精确的研究。同时，其自身的延迟性也比较显著。因此，本书考虑主要使用传统的生命周期评价方法，仅当数据难以获取时，将来自投入产出部门的数据作为辅助参考。

3. 技术的环境经济核算

LCA 等对产品中铅回收的环境效益进行了定量研究，但并没有将其转换为经济效益。世界银行也提出应当尽可能对相应的成本与收益进行量化核算，并尽可能尝试赋予其合理的经济价值。

环境经济核算是环境经济学的重要研究方法之一，该方法主要用来核算产业环境污染造成的相应经济损失。目前理论研究与应用主要有三种评价方法，分别为污染损失法、治理成本法和支付意愿法。

（1）污染损失法

我国在生态环境污染经济损失的定量研究方面起步较早，徐嵩龄（1997）较早对中国环境破坏的经济损失进行研究，对国内环保经济核算与国外的差距进行了对比分析，这也就是环境经济效益核算的雏形。厉以宁和章铮（1995）提到采用直接市场法，对环境造成的损失进行评估，其中包括市场价值法、人力资本法等。污染排放给生态环境带来的损失是多方面的，其中涉及大气污染、水污染及固废污染。然后还可以进一步细分，大气污染会造成健康经济损失、农业经济损失、材料经济损失和清洁成本；水污染会造成健康经济损失、缺水的经济损失、农业经济损失、工业经济损失、城市生活经济损失；固废污染会造成固废污染经济损失。

但由于计算环境污染与生态破坏引发的经济损失较为复杂，以往研究认为其引起的经济损失难以计算清楚，因而早期的研究并未对此展开深入的研究，加之以往不同学者的计算结果相差较大，这更加难以引起主管部门的重视。

（2）治理成本法

由于生态环境的复杂性和影响的长期性，目前大部分研究计算的经济价值只是环境损失的一小部分，为了使环境经济评价具备较强的可操作性，有学者提出通过考虑涉及污染的治理成本，来缩小研究范围，将该污染的治理费用直接转化为其环境经济成本，这个方法计算出的结果虽然相对保守，但便于操作。

各种污染物的单位治理成本的确定依旧是该方法面临的难点，在以往的研究中，学者们从宏观和微观两个层面获取数据。宏观层面，於方等（2003）基于中国2000年重点调研工业企业的环境污染排放数据，从工业企业规模、所处行政区划、工业经济类型等视角分析了我国有色金属工业的水污染情况，并调研了不同种类污水的单位治理成本；王金南等（2013）从治理成本视角出发，研究了我国各行业主要污染物的排放量与各行业各类污染物的治理费用；彭武珍（2013）使用环境价值核算方法对单个省份的环境污染情况进行核算，据此推算出各种污染物的平均单位治理成本。

也有部分学者从微观角度对环境经济价值进行核算，在单个产业的研究方面，张志军（2007）对工业行业废气等污染物从治理成本角度进行研究，从微观工艺层面提出了环境经济核算的思路，于文良（2009）在研究城市静脉产业园区时，首次分析、估算了废旧物资回收利用的环境和经济效益，指出资源在回收后降低了对相应原生资源的开采、冶炼与填埋等成本。

两类坏境经济核算方法适用性对比如表1-2所示。

表1-2　两类环境经济核算方法适用性对比

方法	优点	缺点	适用情景
污染损失法	涵盖范围最全	计算复杂度最高，不同情境下的计算数据差距较大	对企业排污造成重大损失进行核算
治理成本法	评价对象范围具体，便于操作	计算复杂度较低，评价结果小于真实环境损失，但结果较稳定	对企业污染排放产生的环境影响进行核算

4. 综合评价中的权重分配

针对涉及环保的再生铅产业，除了对其进行评价外，在进行综合评价前，应当设定科学合理的权重，不同的方法对应的权重不同，会对最终结果直接造成影响。国内外学者进行了大量研究，主要有以下两种方法。①德尔菲法（Delphi）。最常用的方法为德尔菲法，也叫专家咨询法，其本质上是一种反馈匿名函询法，通过函件方式向专家组征询，经过多次的反复征询和反馈，专家组意见逐步一致，集体判断结果准确率更高。德尔菲法的优点是，能够全面吸收各行业专家的建议，具有较高的专家权威性。但由于现实中，不同专家的主观性可能不同，他们往往不能达成共识，操作过程也较费时费力。②层次分析法（AHP）。目前国内外学者在确定整体中单个因素的权重时，通常使用层次分析法，层次分析法是一种基于多个目标与标准的评价方法，可以解决复杂的决策问题。但用 AHP 设置指标的权重时也有明显不足，首先是不能完全消除研究者的主观性影响，其次是对于用 1～9 级来判定两个指标的相对重要性，由于数量较多，评价者很难准确把握。王雪（2005）在综合分析当时使用的绩效考评权重设定方法时，设定了绩效考核的权重，通过分析量化的等级表，为各参数赋予主观的值，使用线性代数计算，求出各指标的权重。

但是以往研究发现，大部分需要人为地赋予一些权重，才能将各指标值进行综合。为尽可能避免权重系数选取的主观性，国内外学者主要采用以下方法。①回归分析法（RA）。回归分析法建立在大规模数据的基础上，用数理统计的方式模拟自变参数和因变参数间的回归关系。张英琴和石琳（2018）首先采用因子分析法简化影响因素结构，再用回归分析法描述和反映影响因素和价格之间的统计关系，从而构造有效的财务评价体系模型。李军军和周利梅（2011）使用回归分析法，建立了双对数模型，使用面板数据来测度各指标对竞争力的影响。②熵权法（EE）。熵权法借鉴热力学中的熵理论，最初由德国物理学家 K. CLaurensius 和 L. Boltgman 提出。物理学中的熵是一个能量的计量单位，是对系统中不确定性的定量化表示。研究者可以通过计算熵值来判断事件的随机性和无序程度，据此来对系统进行分析。顾雪松（2009）用熵权法确定上市公司财务评价指标权重，通过基于熵权 TOPSIS 的财务评价模型对中国石化行业上市公司进行实证研究，研究结果揭示了各公司财务状况的突出特征和影响评价的主要因素。唐文彬和韩之俊（2011）使用熵值度量企业中各类财务评价指标，揭示了各种财务评价指标的重要性，同时也给出了基于熵权法的财务综合评价实例，并将其与主观赋权法进行了简要的对比分析。③目标规划法（SOP），目标规划是具有约束条件或目标函数的数学规划方法，目标规划研究一个 n 元实函数在一组等式或不等式的约束条件下的极值问题，且目标函数和约束条件至少有一个是未知量的实函数。目标规划在工程、管理、经济、科研、军事等方面都有广泛的应用，为最优设计提供有力的工具。④结构方程模型（SEM）。侯杰泰等（2004）提出结构方程模型，每一个结构方程模型都由两个子模型组成，即测量模型——描述显变量与隐变量之间的关系；结构模型——描述隐变量之间的关系。陈媛（2009）应用结构方程模型建立上市公司财务综合评价模型。⑤人工神经网络分析法（BP）。人工神经网络分析法基于简单的模拟，在早期的经验基础上形成训练数据样本，这些经验数据基于理性经济人的反向传播网络。温芝元和曹乐平（2005）利用人工神经网络分析法建立项目财务评价模型，用模糊数学的隶属函数描述评价指标，由隶属函数的峰值和均值组成学习样本训练神经网络，使财务评价工作更快捷、更准确。⑥基于权重三角的方案择优模型。国内外学者在思考产品生态设计过程中，往往需要对多种方案进行择优，聂祚仁等（2016）建立了基于权重三角的方案择优模型，三角图形中的每一个点向三条边做影射，都能够获得一组权重的分配方案，然后在使用计算机程序计算三角图形中全部的权重后，能够获得几种备选方案，得到相应的最优权重因子集合，其中占据面积最大的方案为最优选择。

以上各种权重分配方案都具备自身的优劣势，且适合不同的场景。在本书的研究中，当综合评价铅循环技术的经济情况与环境时，将思考如何通过尽量客观的数值，把不同角度的评价结果客观地整合到同一个视角中。

（三）典型资源物质循环研究

国内外学者围绕铅产业的循环代谢做了大量研究工作。研究一个产业前，首先要分析其发展状况与应用前景。在再生铅回收比重方面，大量学者使用社会物质流分析方法进行研究，我国学者陆钟武等人在金属资源的流动及回收方面进行了较早的研究；在铅元素流动以及回收方面，毛建素（2003）从产业生态学角度进行了一系列研究，构建参考年的产品生命周期铅流模型，并在此基础上研究铅的工业代谢基本规律，找出影响生态效率的因素，分析铅循环率、铅排放率、铅制品产量的变化、铅制品的使用寿命、铅的消费结构、废铅指数等对资源效率、环境效率的影响。该研究在理论上为探索铅回收规律奠定了基础，但缺乏产生量与回收量统计的具体执行方法，实际使用中存在障碍。在完善数据的收集方法后，Mao Jiansu 等（2006）通过分析铅在冶炼、生产、使用和处置各环节的流动情况，将我国铅酸蓄电池中铅流动情况与瑞典进行对比，指出中外在铅回收水平方面存在差异。

对铅酸蓄电池回收潜力的研究是再生铅被有效利用的重要前提，

是实现产能匹配和再生资源高效配置的重要途径。目前我国在全国层面关于废铅酸蓄电池回收潜力的研究大多停留在经验估算阶段，并未进行深入的科学研究。例如张伟倩（2012）在对美国再生铅比重与GDP发展趋势的研究基础上，估算影响再生铅工业发展的市场因素，主要有人均GDP和汽车保有量的变化情况。假设中国人均GDP年均增长率保持在8%左右的水平，预计到2028年，我国再生铅量占铅总产量的比例可以达到60%，但考虑方法较为简单可能会影响结果的准确性。我国在省份级别已经进行了少量统计实践，曾润和毛建素（2010a）采用自下而上的方法，通过分析并统计北京市各行业铅酸蓄电池产品的数量，对全市社会铅蓄积量进行实证研究，为探索废铅产生量提供了数据支撑。同年，曾润和毛建素（2010b）又对我国耗散型铅产品的使用变化趋势进行分析，这为计算不可回收再生铅的比例提供了依据。

对我国铅酸蓄电池相关产品的研究较为完善，例如 Weinert 等（2008）使用立场分析法（Force Field Analysis），在综合考虑积极推动力与消极抗拒力后，对中国电动自行车和电动汽车的销售量进行了全面的分析，这可以作为预测其中废电池产生量的依据；Cherry 和 Perry（2009）从第三世界国家使用电脑的不间断电源角度出发，推算出10亿台电脑会带来废铅酸蓄电池环境风险。雪晶等（2013）构建了轿车在制造、使用、废弃全生命周期中代谢的动态分布模型，使用汽车运行周期分布函数，建立轿车消费量及相应再生资源回收潜力的预测模型，较为准确地预测并探讨了全国各地区的回收潜力。

Genaidy 等（2008）在综合多种回收率统计方法的基础上，除了考虑铅酸蓄电池在各环节的流动情况外，还分析影响精铅、铅酸蓄电池、废铅等进出口与储存等因素，提出了较为准确并且可以被实际运用的统计方法，但我国这方面的工作还很少开展，目前只是按照行业经验来估算。

（四）利益相关者环境责任研究

绿色发展理念强调整个系统中各利益相关者之间的环境协调性。追溯到废铅回收的上游，除了废铅酸蓄电池回收企业外，铅酸蓄电池的生产企业与消费者都有相应的环境责任。

我国《生产者责任延伸制度推行方案》明确规定了产品的生产者责任延伸（EPR）制度，生产者责任延伸制度是关于对被废弃后产品进行管理的重要制度，它将产品生产者的产品环境责任延伸到产品生命周期终结后的处置回收阶段。它可以促进循环经济的实现与社会的绿色发展，保障公众的环境权益。环境管理理念的转变，是建立产品生产者责任延伸制度的前提，产品生命周期理论是建立生产者责任延伸制度的基础。学者们研究讨论了在国外实施生产者责任延伸制度的经验，分析了韩国在法律基础、覆盖产品范围、各方角色和责任分配、费用机制等方面的实施情况。得出的国外经验主要是：为立法规定收集方式和收集率目标、强化政府监管和信息披露、利用经济政策工具实施全国支持计划、对于市场竞争采取差别化的政策。

国内外学者对产品生产企业环境责任进行研究后发现，其对消费者购买行为会产生影响。学者们的研究主要围绕企业环境责任与消费者认知、购买行为的相关性、购买行为的影响机制、购买行为的调节因素等，但这些往往只重点强调产品在生产环节的清洁生产，对产品后续的环境影响考虑不足。消费者是我国建设两型社会的重要成员，产品用户加快履行环境责任，这对构建我国两型社会具有重大意义。除了生产者责任延伸制度以外，有学者提出我国现阶段已成为消费驱动社会，已经从以前的以生产决定消费为导向，逐步转变为以消费为导向引领生产，产品消费者在我国经济社会中已具备主导地位。消费主义的迅速扩张与当代的消费结构给我国资源环境带来了巨大的压力。所以，管理部门不能只把关注重点局限在生产者身上，只片面地强调生产者责任延伸制度是不完整的，产品的消费者同样应该分担其所承受的环境责任。我国目前的法规只对消费者的环境责任做出了部分规定，但还缺乏系统的指导，重点在产品的使用过程中，以及对产品在报废后的处置，都应当做出科学合理的规定。有学者分析了消费者环境责任行为的主要形式和类型，从内部、外部和人口统计因素三个方面探讨了影响消费者环境责任行为的重点因素。之后根据我国现阶段实际情况，解析影响消费者环境责任行为的重点策略。

以往对再生铅产业环境影响的研究偏重于计算，而忽略了地理位置的差异。因此，应当将地理信息加入其中，这可以更真实地反映出其带来的影响。有学者对我国铅涉及行业在地理的位置分布进行研究，但未对废弃后的流向展开专门的研究。目前我国大量废铅在发达城市消费并废弃后，被送至不发达地区的再生铅厂进行熔炼回收，以评估区域间废铅跨境回收造成的环境污染情况，此时可以考虑对区域间废铅流动引起的环境影响进行核算评价。关于以往跨区域环境影响评价的研究，主要包含：点对面的影响评价，例如开发矿山破坏植被后，对破坏区域生态的企业进行环境影响评价；面对点的影响评价，例如区域为改善整体环境，要求农民将自己的农田退耕还林，对农民为此造成的经济损失进行评价；流域上游对下游的影响评价，例如对长江上游污染排放对下游污染造成的影响的评价；点对点的影响评价，例如对目前企业间开展的碳交易，企业购买碳排放权益所需支付的费用的评价。由于废铅酸蓄电池等再生资源在报废后的处置环节中，涉及产生地与回收地存在差异的问题，即存在废铅酸蓄电池与相应污染物的跨境转移问题，其中的生态补偿方式可能与以上方式存在差异，需要进一步探讨。

五 研究范围与技术路线

本书研究计划从"点""链""面"三个视角对我国再生铅产业发展情况进行研究。

首先，对目前我国典型铅再生工艺进行研究，优选出最佳技术作为产业技术升级的重点推荐对象。技术分析方面主要聚焦废铅酸蓄电池回收环节中最关键的铅再生工艺，即将电池中铅膏部分转化为工业铅锭的技术。对研究边界进行划分，边界的进口端主要为破碎分选后的铅膏、回收过程消耗的电力能源和燃料，以及添加的各类助熔剂等化学品；出口端的主要产出品为精铅、回收过程中产生的三废污染物，以及相关副产品。

其次，对我国再生铅产业链条进行研究，在分析现有运行机制问题后，构建我国再生铅产业绿色发展机制模式，并定量研究此机制在现阶段的可行性。研究边界从铅酸蓄电池生产者和使用者开始，到使用生命周期结束后报废，再到被回收利用成再生铅等工业产品。其中主要包含此回收链条中铅酸蓄电池的生产者、使用者、回收者、周边受害者等利益相关群体。

最后，对我国废铅酸蓄电池跨区域转移进行研究，在开展废铅跨区域转移后，结合单位污染排放量计算相应的责任。研究我国主要省份的废铅产生量与回收量，以及废铅在各区域之间的转移量。

本书由六章组成。

第一章为再生资源产业绿色发展的背景。首先对我国经济社会绿色发展的战略需求、国内外铅的应用与再生铅产业的发展态势进行说明，指出本书的必要性与紧迫性。然后提出存在的研究空间，并制定研究的技术路线。

第二章为基于环境外部性理论的再生资源产业特性分析。结合涉及的外部性理论与环境效用价值论，从三个层面对我国再生铅产业的经济性与外部性进行研究。首先，对再生铅企业的经济性与外部性进行分析；其次，将研究视角延伸至产业链中的利益相关者，开展外部性分析；最后，放眼至区域层面，探索废铅跨区域转移带来的外部性转移问题。

第三章为典型铅再生工艺的技术经济与环境影响评价。首先，选取目前我国主流的三种传统铅再生工艺与两种创新铅再生工艺，界定回收工艺的起点与终点，确定需要进行评价的范围，开展技术的物质流分析，明确物料的投入产出清单；其次，使用技术经济评价方法，对五种回收工艺进行经济利润评价；再次，对五种工艺开展溯源型环境影响评价，分析不同工艺相应的直接环境影响与间接环境影响；最后，对比讨论以上工艺的经济性与环境影响，为我国铅再生工艺的评价提供相应的建议。

第四章为我国再生资源跨区域流动轨迹模拟。尝试采用一种高效便捷的方法，根据有限的数据，来追踪国内废铅酸蓄电池跨省份转移量。首先，估算各省份废铅酸蓄电池的产生量；其次，调研各省份主要再生铅厂的废铅回收量；最后，使用最小距离最大流模型，推算废铅在各省份之间的转移量。

第五章为我国再生资源产业绿色发展模式构建。首先通过对比分析我国典型铅再生工艺的绿色利润，评选出应当推广的绿色铅再生工艺；其次，探索铅循环周期中利益相关者的环境责任，设计相应的补贴标准，在进行实际调研后，通过补贴手段将再生铅企业的正外部性内部化，以帮助在市场竞争中使用相对落后工艺的企业具备经济优势，据此判断当前此机制运行的可行性，从而为再生铅产业环境责任协调基金的管理提供依据；再次，通过测算跨区域转移的间接污染量，来设计再生铅跨区域补偿机制；最后，提出相应的模式设想。

第六章为再生资源产业绿色发展的建议。指出本书研究可能的创新点与下一步的研究空间。

我国再生铅产业绿色发展研究的技术路线见图 1-5。

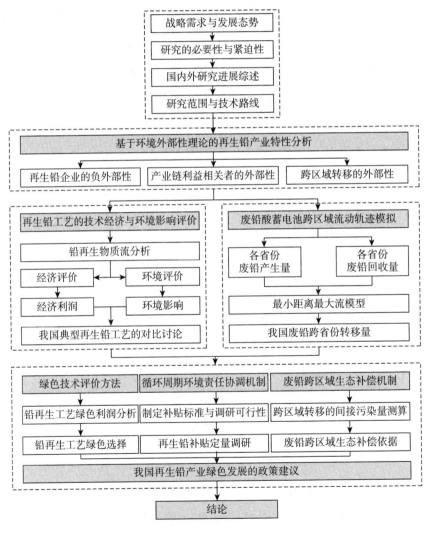

图 1-5 我国再生铅产业绿色发展研究的技术路线

第二章　基于环境外部性理论的再生资源产业特性分析

首先，再生资源企业作为独立的经济个体，存在经济投入与产出，必须有利润支撑其持续发展，所以营利性是单个再生资源企业的特性；其次，废弃资源回收过程，即再生资源的生产过程会造成废气、废水或固体废渣的污染排放，所以环境影响是再生资源产业具备的特性；最后，对产生废弃资源的整个区域而言，再生资源工厂可以减少该地区内的危险固体废弃物，所以环保性是再生资源产业的特性。外部环境经济可以被简称为外部性，指某个经济个体的行为影响到其他经济个体的利益，然而却无法通过市场机制的内部自发作用得到相应补偿的情况，即社会经济主体从事经济活动时，其相应的成本与产生的后果不完全由该行为主体承担。根据环境外部性表现形式的不同，外部性可以从三个不同层面进行分类。

（1）按照再生资源产业对外部环境的影响结果，可以分为正外部性与负外部性。再生资源产业的正外部性，具体而言，是指一个再生资源企业在回收废弃产品中的有价资源时，减少了社会中废弃物的存量，从而提高了外部环境的质量，对外界产生了无回报的收益，使社会公众整体的环境收益增加。再生资源产业的负外部性可以称为外部环境不经济，具体而言，是指一个再生资源企业在回收废弃产品的过程中，受客观技术水平的限制，造成了其他资源能源的消耗以及污染物的排放，降低了周边居民的环境质量，对外界产生了无回报的成本，使周边公众整体的环境效益降低。在实际生产活动中，再生资源企业的负外部性比正外部性更容易被发觉，政府和公众普遍认为负外部性是再生资源产业环境问题产生的重要原因。

（2）根据再生资源产业链中产生外部性的主体不同，在对整个回收链条分析后发现，其可分为再生资源企业（废弃资源回收企业）的外部性与上游利益相关者（资源生产商/消费者）的外部性。以往经济重视的是企业的外部性，从1970年开始，它的研究范围延伸到了消费部门。再生资源企业的外部性为废弃资源回收过程中形成的外部性；而资源报废前上游利益相关者的外部性，是指生产商从销售商那里获得利润、消费者使用资源获得效用，在其报废后没有承担相应的回收处置责任，从而对外部环境产生外部性。应当区别的是，从整体上考虑，废弃资源的回收处置相对而言集中在某具体区域，而资源的使用和报废是分散在社会各个地方的。

与废弃资源回收处置的外部性相比，消费者使用资源的外部性更零散和难以监管。用户因为自身消费后废弃资源给环境带来的影响较小，很难造成立竿见影的危害。然而，大量废弃资源没有得到合理的处置，这种较小的影响在汇聚起来后，就会造成巨大的环境危害。国外的环境经济学家称之为"细微个体行为的暴行"。大量资源被废弃后形成并积累了这样的负外部性，如何消除资源在废弃后产生的负外部性成为难题。

（3）按产生的空间可分为可迁移性与不可迁移性。通常的外部性是一种空间概念，主要考虑资源是否合理配置。外部性已不再局限于某一个地域内部的工厂和工厂间、工厂与民众间的矛盾，而是拓展延伸到了各大地域之间甚至各国之间，即外部性的空间范围在扩大。废弃资源在回收过程中，按地域上外部性造成的环境危害是否可以迁移，分为可转移的外部性与不可转移的外部性。废弃资源的可转移外部性所描述的情景为：废弃资源产生后，因环境外部性受影响用户，存在将这些危险废物转移至别的地区的可能性，从而使外部性转移到其他地区。也就是说，资源的使用群体，可以将外部性转移到别的区域，以减少外部性对本区域内群体的环境负面影响。与此相反的是，再生资源企业（废弃资源回收企业）对周边环境产生的外部性不可转移。由于回收处置设施固定在某一区域，排放的污染物也都从该点向周边区域扩散，相应的污染物只能通过治理减少，无法转移到其他地区。

如图2-1所示，本书将基于环境外部性，从三个层面对我国再生资源产业特性进行分析。首先，对再生资源企业的经济性与环境外部性进行分析；其次，将研究视角延伸至产业链中的利益相关者，进行外部性分析；最后，放眼至区域层面，探索废弃资源跨区域转移带来的环境外部性问题。

一 再生资源企业的经济性与环境外部性分析

我们的社会使用了大量产品，在其生命周期结束后，其成为废弃产品，具有经济价值与环境危害性。各类产品的经济价值和环境危害性存在较大差异，具体可以归纳为如图2-2中的四类。

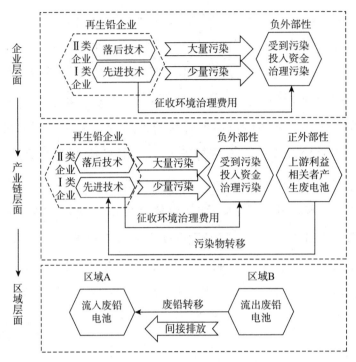

图 2-1 我国再生资源产业经济与环境双重特性分析

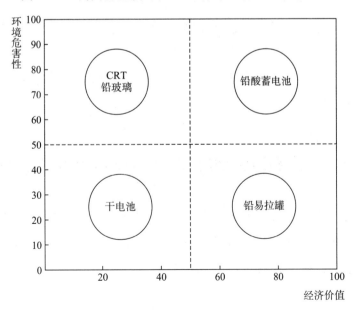

图 2-2 典型再生资源的经济价值与环境危害性

图 2 - 2 中横轴表示再生资源的经济价值，从左至右依次增加，纵轴表示再生资源的环境危害性，从下往上依次增加。左上角为高危害低价值产品，CRT 铅玻璃为典型代表，因其环境危害性较强，急需被处置，但由于其价值较低，回收成本可能高于收益；右上角为高危害高价值产品，铅酸蓄电池为典型代表，因其价值较高，市场愿意主动进行回收，但由于环境危害性较强，回收过程中需要注意其对环境的影响，以免造成进一步的污染；左下角为低危害低价值产品，以干电池为代表，其经济价值较低，且对环境危害较小，不会受到市场和政府监管部门的重视；右下角为低危害高价值产品，以铝易拉罐为典型代表，市场会主动进行回收，其不会对居民健康造成严重的影响。

再生铅作为再生资源产业中典型的品种，具备再生资源产业的共性，也具有自身的特征。再生铅同时具备较高的经济价值与较严重的环境危害性，如果再生铅企业在回收过程中只注重创造经济利润，就可能会忽视其回收过程中产生的污染排放，使有价值资源在回收过程中形成"环境外部性"，这是废弃资源回收市场失灵的一种典型表现。接下来，本书会对废弃资源回收的经济性与环境影响进行分析，以讨论其在现阶段的经济利润与环境问题。

（一）再生资源企业的内部经济利润分析

传统废弃资源回收利用企业，正常的运行状态为：在初期为投资建立回收工厂、购买回收设备，然后在运行阶段购买废旧资源和辅助回收的配料，最终通过生产出可以利用的再生资源，将其销售给相关资源制造企业以获取收益。

1. 单位回收效率对利润的影响分析

再生资源企业收购单位重量的废弃资源后，由于受到回收技术限制，不能将废弃物中有价值的资源 100% 回收，因此，本书提到的单位回收率是指在某种回收技术下，单位重量有价值资源被回收的比率，其主要与技术的先进程度有关。

在假定经济发展平稳、废旧资源的市场价格稳定的情况下，传统废弃资源回收利用企业单位回收率与经济利润如图 2-3 所示。图 2-3 的横轴表示有价值资源的单位回收率，它是指工厂对废弃资源中有价值资源的平均回收率，与工厂使用的工艺正相关，先进的工艺对应更高的单位回收率，与其回收总量无直接关系。0 点表示回收率为 0%，直到最右端达到 100%。纵轴对应经济利润，其中 E 为回收有价值资源产生的经济利润，其随单位回收率线性递增。曲线 C 为回收有价值资源所投入的成本，最左端在回收率为 0% 的情况下依然为正值，此点的成本为设备投资的均摊成本与购买废弃资源所产生的成本之和；

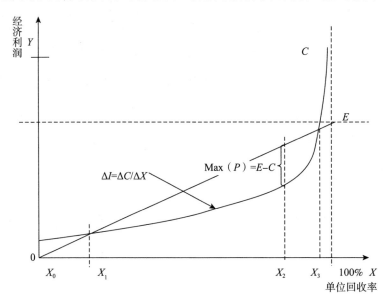

图 2-3　传统废弃资源回收利用企业单位
回收率与经济利润

曲线 C 在左部与中部增长平缓，因为企业只需要付很低的工艺成本就可以回收大部分有价值的资源；但到右部后曲线 C 陡然增长，这主要是由于回收率在某较高值后会出现技术瓶颈，故需要改进工艺并投入更高的成本；最右端回收率为 100% 时对应的曲线 C 达到了一个极大的数值，表示目前工艺难以实现对有价值资源的完全回收。

传统的再生资源企业（在不考虑污染排放的情况下）作为典型的营利性生产企业，所追求的为生产利润 P 的最大化，该值为收入 E 与成本 C 的差值。图 2-3 中的 E 与 C 之间存在三个典型的回收效率点，依次为 X_1、X_2、X_3。回收企业对有价值资源的单位回收率达到 X_1 后，可以获得的收入与投入的成本持平，经济利润 P 为 0，在达不到此最低单位回收率的情况下，企业会呈现亏损状态。随着单位回收率继续提高，E 与 C 的差值逐渐拉大，企业的经济利润 P 随之增长，在 X_2 达到极大值，此时企业的经济利润 P 为最大值。在单位回收率达到 X_2 并继续提高后，由于 C 开始显著提高，经济利润 P 减小，直到 X_3 后，收入 E 与成本 C 再次持平，此时经济利润 P 又回到 0。X_3 右侧部分通常为废气烟尘与固体废渣中的资源损耗，需要投入更高的成本才能回收其中的有价值资源。

从经济利润的角度出发，再生资源企业作为以营利为目的的个体，会追求利润最大化，从而偏向于将单位回收率定于 X_2；但从环境保护的角度出发，再生资源企业作为以处置危险固体废物为目的的个体，应当追求在盈亏平衡状态下回收效率最大化，从而将单位回收率定于 X_3。

2. 回收技术水平对利润的影响分析

我国上百家再生资源企业使用的工艺不是完全相同的，存在多种典型的废弃资源回收工艺。由于各类回收工艺使用的设备、熔炼炉、辅料和燃料等存在差异，其在各种回收率点所对应的单位成本也有所不同，回收工艺差别对经济利润的影响分析见图 2 - 4。

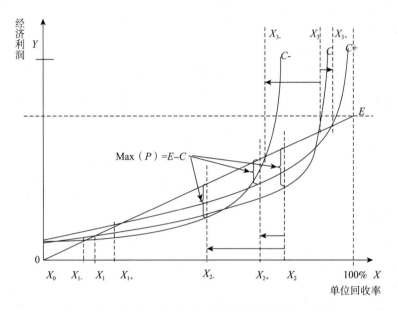

图 2 - 4　回收工艺差别对经济利润的影响分析

图 2 - 4 中 E 表示收入随单位回收率均匀递增，曲线 C 是行业平均水平工艺的成本曲线，企业在保证正常生产情况下，最高可使其单位回收率达到 X_3，其随单位回收率变化符合前文提到的规律，通常企业会选择将单位回收率控制在 X_2，以使其利润达到最大值 Max（P）。曲线 $C+$ 是行业先进工艺水平的成本曲线，其在保证盈利的情况下，可实现单位回收率最高值 X_{3+}，这比行业平均工艺水平要高，但需要更高的初期工艺设备投资成本，所以均摊的整体平均成本都高于行业平均水平，导致 X_{1+} 大于 X_1，且利润最大值 Max（$P+$）＜ Max（P）。曲线 $C-$ 是行业落后水平工艺的成本曲线，由于工艺水平的限制，其在保证盈利的情况下可实现的单位回收率最高值 X_{3-} 比行业平均工艺水平要小，但只需要很少的初期工艺设备投资成本，

所以均摊的整体平均成本都低于行业平均水平，导致 X_{1-} 小于 X_1，在 X_{2-} 小于 X_2 的情况下，利润最大值 Max（$P-$）与 Max（P）的关系未知。

X_1 的变化表明，落后工艺可以在回收率更低的状态下实现盈亏平衡。X_2 向左侧移动，表明不论提高工艺水平还是使用落后工艺，在利润最大化的情况下，其回收率 X_2 都降低了，说明在缺乏环保部门干预的情况下，企业会通过尝试使用不同的工艺，最终确定使用一种既不先进又不落后的工艺，使总的单位利润 Max（P）达到最大。X_3 的变化说明就盈亏平衡处置废弃物而言，改进工艺可以提高回收率。

3. 有价值资源价格对利润的影响分析

废弃资源作为再生资源企业主要的工业原料，具备较高的经济价值，价格随市场供需关系、政府干预而变化，废弃资源收购价格对利润的影响分析见图 2－5。当市场对有价值资源需求量增长后，有价值资源价格上涨，成本曲线 C 向上平移至 $C+$，X_1 向右移动，表明回收企业最小的保本单位回收率相应提高；X_2 位置不变，但可实现的最大利润 Max（$P+$）相应减少。如果政府进行干预，则其在补贴再生资源企业后，有价值资源实际价格相当于降低了，成本曲线 C 向下平移至 $C-$，X_1 向左移动，表明回收企业最小的保本单位回收率相应降低；X_2 位置不变，但可实现的最大利润 Max（$P-$）相应增加。

（二）再生资源企业的环境外部性分析

通过前文的讨论可得出以下内容。第一，回收企业不倾向于使用最先进环保的工艺，而倾向于使用行业内成熟的工艺，该类工艺的回收效率虽然不是最高的，但可获得相对而言最高的利润。第二，价格

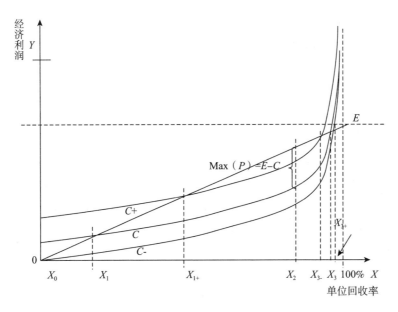

图 2－5 废弃资源收购价格对利润的影响分析

的变化不会影响回收厂家改变回收率的策略，但只会影响到其单位最大利润；价格提高后，会使最大回收率 X_3 降低，价格降低可以提高最大回收率；工艺落后企业由于在成本方面具备优势，可以通过提升自己的有价值资源采购价格来获取原料采购方面的优势，从而对工艺先进企业的利润造成严重冲击。第三，回收企业本身首要的目的是追求利润最大化，而不是回收率最大化，这对处置普通固体废物来讲不会存在太大问题，但对于资源这类危险固体废物则会带来环境安全问题；在技术水平无法提高的情况下，考虑到产业的规模效应，企业会尽力提高自己的处置能力，促使 X_2 这个点的回收总量尽量增大，即不仅回收本地产生的废弃资源，而且跨界到外地收购废弃资源，结果就是使该再生资源企业所在地排放的污染物量超过本地区的理论污染物排放量。

1. 环境负外部性导致社会资源配置失当

外部性引发的经济后果为，受到影响的相关公众的环境效益与社会平均水平出现差异，高于或低于平均值。外部性对社会最终形成的结果，是指在市场自由竞争的状态下，社会整体的资源配置效果会低于帕累托最优效果。也就是说，当前提条件为市场完全充分自由竞争时，由于外部性的存在，市场经济中"看不见的手"无法发挥有效的作用，不能对全社会的资源进行最优化的配置。

在市场在充分自由竞争条件下，生产外部性会引发整个社会资源配置失当（见图2-6），其他种类的外部性也与之相似。图2-6中，横着的线条 D 代表市场中一个厂家的需求，横着的线条 MR 代表该厂家的边际收益，此状态下两者相等；MC 代表的是该厂家的边际成本。因为在生产过程中，厂家产生了污染物并对外界排放，对周边环境产生了负外部性，所以该区域内整个全局的边际成本将大于该个体的边际成本，前者的曲线由图2-6中的虚线表示，位于个体边际成本的左

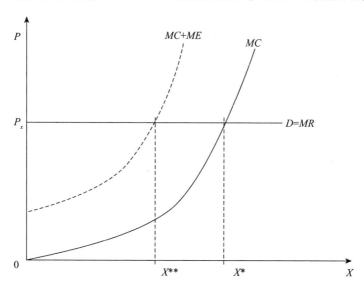

图2-6　生产外部性引发的社会资源配置失当

上部。图 2 - 6 中弯曲实线与弯曲虚线之间的竖直距离，就是前文中提到的负外部性，可以被称为 *ME*。在市场经济中，该厂家会在自身边际成本等于边际收益时停止增加产量，从而获取经济利润的极大值，就是左侧虚线与水平线的交点处。然而，从社会角度出发，应当选取右侧实线与水平线的交点处，这时社会总的福利将实现最大化。因此，厂家生产过程中因污染排放引发的外部性，将导致社会整体帕累托最优状态失衡。

2. 有价值资源回收率对环境外部性的影响分析

某区域会产生废弃资源，即该区域废弃资源的产生总量，每年的回收量为小于或等于这个总量，回收量与总量的比值即该区域内的废弃资源回收率，主要与回收量有关。

废弃资源回收整体而言是减少了大量危险废物丢弃带来的环境危害，但引发了少量的污染排放。图 2 - 7 为废弃资源回收的理想状态，横轴表示废弃资源的回收量，纵轴表示该方案带来的环境影响。其中

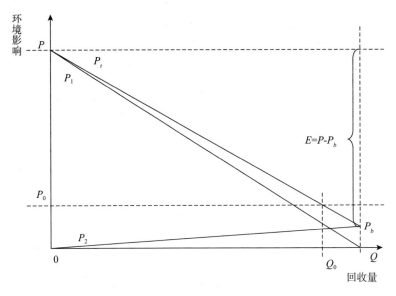

图 2 - 7　废弃资源回收的理想状态

假设某地区每年废弃资源的回收量为 Q，废弃资源得不到安全环保处置所带来的环境污染为 P_1，该值随着废弃资源回收量的增加而迅速减少；P_2 表示废弃资源回收过程中带来的污染，该值随着废弃资源回收量的增加而增加；P_t 为该地区废弃资源带来的总污染量，为前二者之和，可以看出总污染量最大的情况为完全不回收资源的情况，随着资源回收量的增加，该总污染量持续减少，直至全部被回收后降至最低。

每个地区在单位时间内有一定的环境容量，假设该环境容量可以容纳接受并自净的污染量值为 P_0，理想状态下所有废弃资源被全部回收，总的污染量值 P_t 将达到 P_b，该值在 P_0 下方，不会对该地区生态环境造成影响；但由于技术的限制，废弃资源回收率很难达到 100%，因此在实际运行中，考虑到经济成本的缘故，将回收量的最低值控制在 Q_0 即可，此时社会总的污染量值仍不超过 P_0，不会对环境造成显著影响。

3. 回收技术对环境负外部性的影响分析

有些地方由于环保监管力度较弱，大量再生资源企业使用落后的回收工艺，或者没有安装适当的环保设备，致使在回收过程中，大量烟尘、污水、废渣排放到环境中；同时，落后的回收网络也会使废弃资源在回收运输过程中产生漏酸现象并污染环境。

图 2-8 显示，在此情形下假设某地区每年废弃资源的总产生量为 Q，P_1 为未回收废弃资源带来的环境污染；由于回收过程中产生的污染量较大，P_2 的斜率增大，移动到 P_2'；P_t 随之增长，移动至 P_t'；最终导致的结果为即使全部废弃资源都被回收，污染量的最低值也从 P_b 提高到 P_b'，该值在 P_0 上方，表明在该状态下，该地区生态环境会受到影响。

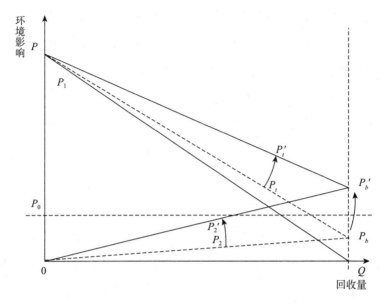

图 2-8　落后回收工艺对环境的影响

（三）环境政策局限性造成的"工艺逆选择"

1. 再生资源企业"工艺逆选择"的原因剖析

近年来，随着再生资源产量的迅速增长，其带来的问题也日益增多。再生资源企业在生产过程中，存在严重的污染问题，造成了显著的环境负外部性，政府环保部门已经逐渐意识到问题的严重性，开始介入并进行监管。征收环境治理费属于环境经济手段中的庇古手段，即对排放污染者征税或收费。再生资源企业将污染物排放到工厂附近，存在环境上的负外部性，需要投入费用进行治理，为了将其负外部性内部化，政府开始对再生资源企业征收治理费。

此时市场上的再生资源企业可以按技术水平划分为两类，Ⅰ类企业为技术先进的正规合法再生资源企业，它们采用环境友好型技术设备，在追求企业经济利润的同时，由于受到环保部门的约束，会尽可能地减少污染物排放，并根据自己的污染物排放情况缴纳相应的环境治理费用；Ⅱ类企业为技术落后的非法再生资源作坊式工厂，由于受到自身技术水平与资金的限制，它们往往采用技术相对落后且对环境破坏较为严重的设备，仍旧片面地追求经济利润，与此同时，尽可能地通过各种方式逃避监管，排放大量污染物，这对周边居民环境造成严重威胁。

图2-9解释了在监管不严的情境下，只对Ⅰ类企业征收环境治理费用出现的问题。右侧曲线表示的是工艺水平较高的Ⅰ类企业成本曲线 $C+$ ，左侧曲线表示的是工艺水平较差的Ⅱ类企业成本曲线 $C-$ ，Ⅱ类企业主要关注两点：一是自身单位回收利润最大值 Max（P），二是回收量。二者乘积为自身整体的最终利润。由于要缴纳环境治理费用，Ⅰ类企业的成本曲线由 $C+$ 升至 $C+'$ ，经济利润也随之减少；为了争夺更多的有价值资源，落后Ⅱ类企业可以加价提高自己回收有价

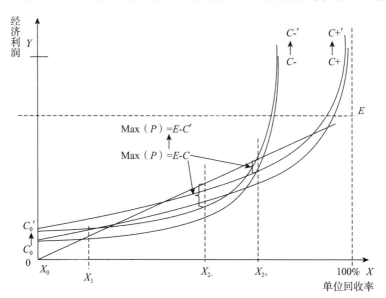

图2-9 废弃资源回收行业"工艺逆选择"的解释

值资源的价格，从而将成本曲线 $C-$ 提升到 $C-'$，保证 Max $(P-)$ ≥ Max $(P+)$，此时其能够采购大量有价值资源，满足自身生产需求且赚取充足的利润。此外，先进工艺企业在投资购买一定产能的设备后，如果实际回收量较小，其平均成本就会上升，即 C 曲线也会上升，进一步影响自身利润。最终造成的情况是，落后企业处理了大量再生资源，但由于总回收率过低，其排放了大量污染物。

由于现阶段环保监管无法确保覆盖所有地区的再生资源企业，管理存在漏洞。Ⅰ类再生资源企业缴纳了一定量的环境治理费用，自身能获得的经济利润相对减少。与此同时，近年来我国有价值资源紧俏，市场上经常出现再生资源企业互相竞买有价值资源的现象。其中Ⅱ类企业由于没有承担这部分环境治理费用，往往能够给出更高的有价值资源购买价格，从而将大部分有价值资源回收到自己的工厂。造成的情况就是Ⅰ类企业无法收购到废弃资源原料或处于亏损状态，而Ⅱ类企业赚取大量的利润，这就是我国目前废弃资源回收行业"工艺逆选择"问题。

2. 环境负外部性内部化的庇古与科斯手段

许多经济学家对外部性理论进行了大量的研究，这为其内部化做出了重要贡献，庇古的"庇古税"理论是将环境负外部性内部化的重要手段之一。从前文的分析中已经发现，个体的边际收益（成本）与社会的边际收益（成本）呈现互相不同步的状态，说明单纯地只依靠市场，无法实现社会整体利益最优。所以政府管理部门应当介入干预，制定一些管理法规来使二者同步。管理法规应包含的内容为：当个体的边际收益低于社会整体收益时，需要提供相应用于鼓励的补贴；当个体的边际成本低于社会整体成本时，应当征收相应用于抑制的税收或费用。这种思想被大量地应用于我们今天的社会中，例如在生产与生活的基础设施方面，政府普遍采用"谁受益谁投资"的原则；而在环保与生态修复等方面，政府普遍采用"谁污染谁治理"的原则。全球大部分国家实施的排污费规定也具有类似原则。

然而，庇古税在应用中也存在一些不足。首先，该思想的假设条件为公共管理者能够充分了解某个体产生外部性的种类与数量，但现实中政府很难进行充分准确的科学调研，所以在该类税收或补贴执行中存在一些可行性或准确性问题；其次，公共管理部门介入其中会产生一些公共管理的开支成本，如果某些外部性与公共开支相比较小，则政府在管理中就存在经济性问题，因此政府很难对所有的外部性全部进行管理；最后，在某些地区，一些排放污染物的厂家可能会和相应管理部门达成一些非法的协议，使庇古税在这些地区不能充分发挥作用。

科斯认为庇古税理论中提及的政府干预存在较多问题，因此主张通过市场进行解决。他认为如果市场中信息充分透明且相关交易成本极低，则不需要实施庇古税，可以让与外部性相关的主体自愿沟通并交易，这样就可使总的社会福利达到最大化。这种思想的假设前提为，能够明确地界定社会中各主体之间的产权界限。这种思想也被大量地应用于我们的社会管理中，例如某个地区内企业间的排污权交易制度，这些管理手段表明可以通过市场手段解决外部性问题。

同样地，科斯手段在应用中也存在一些不足。首先，其运行的前提条件，需要一个高度发达的市场经济环境，而在大部分经济落后地区或实施计划经济的地区，很难产生有效的结果；其次，交易成本是最大的障碍，如果市场机制不完善，企业之间或者企业与公众之间的交易成本就会非常高，这样无法实现应有的效果；最后，产权边界与大小的界定，是一个关键技术问题，在实践工作中，其需要耗费较高的成本且从技术上较难实现，这也是制约科斯手段实施的主要障碍之一。

二 有价值资源循环链条中利益
相关者的环境外部性分析

本节将探讨污染对社会公众环境效用的影响，从而对有价值资源回收对公众环境效用的影响进行分析，提出使用科斯手段来弥补庇古手段造成的"工艺逆选择"困境问题。

（一）污染对社会公众的环境效用的影响

在工业社会发展起步阶段环境问题未凸显时，环境要素并不稀缺。在当时的市场经济系统中，只能对稀缺资源进行配置，配置均衡后的结果是社会经济利润最大化。但这种情景只是经济利润最大化，而非社会福利最大化。此时，产品的均衡价格包括所有稀缺要素的价值，即包含劳动力、资本、技术创新等要素价值，这些就是所谓的经济系统的内部要素，现实中通过产品的价格来体现。当时的劳动价值论是关于价值是一种凝结在商品中的无差别的人类劳动，即抽象劳动所创造的理论。劳动价值论的前提条件是：自然界中存在的清洁空气、洁净水源等资源存在于经济社会外部，人类可以无限地从中获取资源，没有所谓的经济稀缺性，在计算经济成本与收益时不将环境资源考虑在内。但是人类工业社会迅速发展，向外界排放的污染物日益增多，超出了地球的环境自净能力，清洁的环境变得越来越少。人们需要购买空气净化器、饮用水净化器等设备，以为自身生存"购买"良好的环境，这说明早期劳动价值论中的前提假设条件需要进行完善。环境并不是经过人类劳动转化而来的要素，而是大自然的馈赠。如果仍然沿袭早期的劳动价值论的观点，则无法将环境纳入经济系统内部。

效用论学派，讲求的是对人有效用的要素就是有价值的，效用是指劳务或物品满足人们需求与欲望的能力。效用价值论，则是从人们对某劳务或者物品效用的主观心理评价角度，来解释效用的价值及其形成过程，是同劳动价值论相对立产生发展起来的。效用价值论起初被称作一般效用论，1870 年左右进一步升级为边际效用论，这个理论是西方价值理论里面最重要的流派之一，也是当代微观经济学的主要支柱理论之一。劳务或者物品的效用与稀缺性结合后，形成了价值。某类劳务或物品的稀缺性越高，那么它的边际效用则越大，从而其价值越高。劳务或物品的价值量不取决于其总量或平均水平，而取决于它带给人们的边际效用，就是说满足公众最后的需求时的相应效用。

（二）有价值资源回收对公众环境效用的影响分析

资源用户愿意为废弃资源回收进行支付，主要取决于废弃资源回收后能给公众带来的环境效用经济价值。废弃资源的回收，给资源用户带来了正外部性，污染物的减少使环境免于被污染，给他们对环境的需求带来了一定量的效用。人们争取更高的经济收入或实现更好的环境治理，都是为了获得对自身的效用，随着经济收入的增加或环境质量的改善，人们获得的效用增加（见图 2 - 10）。最初随着前者的增加，相应效用的增长率会非常高；但随着经济收入或者环境治理达到一定水平，其相应效用的增长率会逐渐变得越来越小，直至在接近某效用满足点后停止增长。

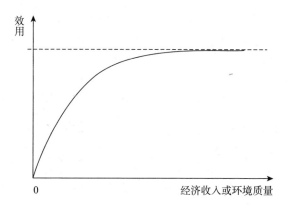

图 2 – 10　经济收入或环境质量与效用关系

　　经济收入和环境质量二者之和为 $U(E_1, E_2)$，二者形成的共同效用之和如图 2 – 11 所示。图 2 – 11 中同等总效用曲线，在满足人们同等总效用的情况下，A 点表示，如果环境质量很低，则需要巨额的经济收入才能填补人们的总效用；C 点表示，如果经济收入很低，则需要极高的环境质量才能填补人们的总效用；综合而言，前两者往往是很难实现的，所以人们往往会选择更容易实现的 B 点，即较高的经济收入与较好的环境质量。

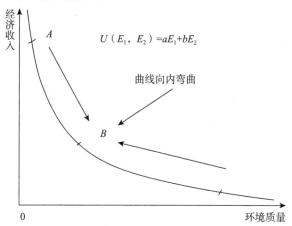

图 2 – 11　经济收入与环境质量替代曲线

从图 2 - 11 可以看出，对于处在不同环境质量与具备不同经济收入水平的人群来说，其对环境与经济的要求是有差异的。因此，我们需要进行调研，对公众主观的效用进行分析。在此基础上，我们需要建立新的再生资源运行机制，将再生资源企业带来的正外部性内部化。

三 废弃资源跨区域转移的环境外部性分析

在分析资源循环链条过程中，我们发现利益相关者存在区域地理位置的差异。因此，有必要对废弃资源跨区域转移的环境外部性进行分析。

（一）有价值资源跨区域回收的环境经济原因剖析

随着汽车等产品使用量的迅速增长，废弃资源的产量也迅速增长。这些废弃的资源往往无法在本地被处置，需要运输至外地进行回收。产生废弃资源的源头与回收有价值资源的终点，主要与当地经济发展水平有显著的关联。经济发达地区的人均产品保有量较高，但是资源在生命周期结束被回收时会产生污染。为了避免这些污染，经济发达地区倾向于在收集到这些废弃资源后，将其运输到别的地区进行处置。造成这个现象的原因有两层。（1）社会公众对再生资源企业的排斥行为，在经济学上，这被称为邻避效应（Not-In-My-Back-Yard，译为"不要建在我家后院"），指本地的社会公众或集体担心一些为公众服务的项目（例如垃圾处理场等邻避设施）建设在自己居住场所周边，对自身的身体健康、居住环境质量和固定资产价值造成负面影响，从而使人们产生嫌恶的情结，形成了"不要建在我家后院"的心理，而采取坚决的集体反对排斥行为。（2）当地政府对再生资源企业的排斥行为，这主要由于中央环保部门将再生资源项目建设审批权下放至地方后，地方环保部门全权负责监管所辖区域内再生资源企业的污染排放情况，对资源污染事故承担责任。在地方政府税收较为充足且有其他环境风险较低产业可发展时，为了避免此类环境风险，地方环保部门倾向于不审批通过再生资源项目。

与此同时，一些地方热衷于从事再生资源产业，且倾向于从外部省份回收废弃资源，这主要有两个原因。①当地公众与企业热衷于此项目，即"迎臂效应"（Yes-In-My-Back-Yard，译为"在我的后院"）。公众不仅不反对，反而欢迎这类回收项目的建设与运行，他们觉得这些企业可以给当地带来就业机会等。一些经济发展水平较低的地区，虽然人均产生的废弃资源较少，但为了通过回收资源获取经济利润，这类地区的回收工厂倾向于向别的地区购买废弃资源。②考虑到回收技术的规模经济效益，某些地区建立了大规模的再生资源工厂，其回收处置能力高于其他地区有价值资源的产生量，需要从外界回收有价值资源以提高自身产能利用率。

废弃资源在产生后，往往被跨区域转移然后进行回收处置。通过这种运作方式，经济落后地区再生资源工厂周边居民的生活环境受到了间接的影响，当地居民承受因此造成的污染。但由于工厂再回收过程中存在污染排放情况，如图 2 - 12 所示，工厂所在地区居民承受了该地区以外的环境污染。

（二）跨区域有价值资源转移对环境外部性的影响分析

当废弃资源发生跨区域转移后，就会对流入地区造成环境冲击，最终的污染排放可能超出其环境容量（如图 2 - 13 所示），而对流出地区的环境影响有所缓解（如图 2 - 14 所示）。

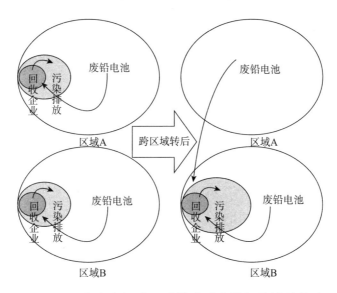

图 2 - 12　废弃资源跨区域转移引发的污染排放转移

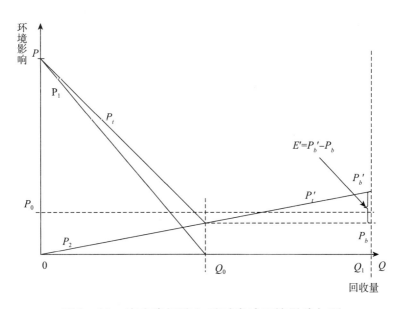

图 2 - 13　废弃资源流入后对当地环境影响加剧

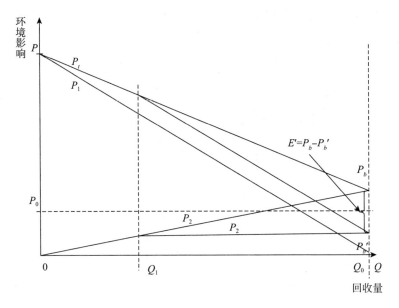

图 2-14　废弃资源流出后对当地环境影响缓解

因此，再生资源企业作为工业企业，在回收过程中会排放污染物，但影响范围对整个区域而言相对较小，这个局部区域与整体区域之间在环保方面可能会产生一定的矛盾，可以说，这是再生资源企业环保性与污染性矛盾的突出体现。

可以看出，随着有价值资源的跨区域转移，已经存在市场环境资源配置失灵的情况，从本质上说，这是市场通过经济手段将潜在污染物进行了转移。我们今后可以考虑使用科斯手段，探索开展废弃资源行业跨区域排污权交易。

四　本章小结

针对我国再生资源产业的发展现状与存在的问题，本书从三个层面对我国再生资源产业经济与环境双重特性进行分析。

首先，对于再生资源企业，我们判断废弃资源的经济价值与环境危害性后，发现再生铅与其他再生资源的共性与特性。分析单位回收率、回收工艺水平、废弃资源价格等因素对企业经济利润造成的影响，提出片面追求经济利润可能引发环境问题，解释不同再生资源工艺对环境负外部性的影响，分析有价值资源回收率、回收工艺对环境负外部性造成的影响，分析传统环境监管模式下再生资源产业发展的特征，指出其由于监管漏洞引发的再生资源产业环境问题，剖析了再生资源企业"工艺逆选择"的原因。

其次，针对再生资源产业作为危险废物回收产业的环保属性，分析废弃资源回收同时具备的负外部性与正外部性。将视角延伸到再生资源产业链中的利益相关者，分析利益相关者对再生资源企业的环境负外部性影响，以及有价值资源回收对公众的影响，指出需要建立新的再生资源运行机制，将再生资源企业带来的正外部性内部化。

最后，剖析有价值资源跨省份转移现象背后公众与管理部门的利益出发点，指出有价值资源在跨区域回收处置方面存在的冲突，即资源回收在减少某省份污染的同时，给其他省份带来污染。

在对三个层面的特性进行分析后，本书发现现实中缺乏对典型资源再生工艺的经济与环境评价手段，同时对有价值资源跨区域转移量缺乏统计推算方法，之后两章将对这两个现实问题进行探索。

第三章　典型资源再生工艺的技术
经济与环境影响评价

第二章从资源再生工艺、铅再生产业链条、铅再生中的区域转移三个层面，基于环境外部性对我国再生铅产业的特性进行分析。本章将首先从我国典型铅再生工艺入手，开展相应的经济与环境定量评价。首先，选取目前我国主流的三种传统铅再生工艺与两种创新铅再生工艺，界定回收工艺的起点与终点，确定应当进行评价的范围，开展技术的物质流分析，明确物料的投入产出清单；其次，使用技术经济评价方法，对五种回收工艺进行经济利润评价；再次，对五种工艺进行溯源型环境影响评价，评价不同工艺相应的直接环境影响与间接环境影响；最后，对评价结果进行讨论，从而得出典型铅再生工艺的经济与环境特征。

一　典型资源再生工艺流程的物质流分析

（一）分析目的

要开展技术经济评价与环境影响评价，首先应当掌握不同回收工艺的实物投入与产出。因此，首先开展工艺的物质流分析，建立物质流平衡表、能源消耗及污染排放表。

国内目前再生铅企业使用不同的工艺，并且有学者研发新的工艺，但都未对自身的资源消耗及污染排放情况进行详细的梳理分析。本书通过调研多家企业及科研院所，结合研究成果，绘制了图3－1，以为后续的评价工作奠定基础。

根据物质质量守恒原理，在对工艺进行物质流分析后，其全部的输入、存储及输出单元能够实现总体的物质平衡。对工艺开展物质流分析，对典型再生铅工艺中铅的输入和输出数据进行平衡核算，掌握各个物质流中铅的流向与流量，分析物质流的总量和在各单元的消耗强度，构建再生铅熔炼中铅的流动图，通过物质流平衡表来直观地显示回收过程中铅的流向。

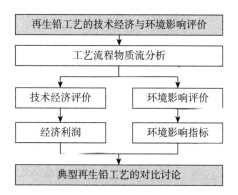

**图3－1　我国典型铅再生工艺的技术
经济与环境影响评价流程**

（二）分析范围

整体而言，铅膏的熔炼回收工艺是再生铅生产最核心也通常是污染最大的部分，而我国不同工厂所使用的工艺类型差别较大，同时各个科研机构所研发的创新工艺也有较大区别，应当对它们进行重点分析研究。

广义的废铅酸蓄电池回收工艺流程，即铅酸蓄电池回收流程，包含：①铅酸蓄电池破碎分选成铅膏、板栅、塑料、废酸四大类；②铅膏的熔炼与精炼；③板栅的除杂与制合金；④塑料的回收、清洗、再破碎与造粒；⑤废酸液的回收。而传统上提到的废铅酸蓄电池回收生产流程，是指通过对废铅酸蓄电池等废料进行预处理（如拆解、破碎、分选、预脱硫等），经火法或湿法等工艺生产粗铅、精炼铅及铅合金的过程。进一步，传统回收过程涉及的工艺很多，例如环保、除尘等，这里只讲核心的破碎和熔炼工艺。

1. 电池预破碎工艺

目前我国市场上使用的铅酸蓄电池按成分比例不同分为两种，一种为汽车的启动电池，主要为 PP 电池；另一种为电动自行车的动力电池，主要为 ABS 电池。对这两大类电池而言，虽然它们在铅膏与板栅的比例、隔板材质、电解液硫酸浓度方面存在差异，但其中的铅含量基本都在 40% 左右（见表 3-1）。

表 3-1 我国铅酸蓄电池主要成分构成

种类	PP 电池（以重量计算）	ABS 电池（以重量计算）
一、铅膏（氧化铅与硫酸铅）	35%~37%	43%~45%
二、板栅合金部分（铅栅与极柱）	27%~30%	37%~38%
三、PP	3%~6%	—
ABS	—	11%~12%
AGM	—	2%~3%
重塑料 PVC/PE 等	3%~5%	—

续表

种类	PP 电池 （以重量计算）	ABS 电池 （以重量计算）
四、电解液（硫酸浓度为 20%～22%）	23%～27%	—
电解液（硫酸浓度为 44.5%）	—	20%

其中的第一步为废铅酸蓄电池的破碎分选单元，它的工艺原理是使用硬度极高的金属破碎锤，将废铅酸蓄电池在一个封闭的空间内自动破碎。然后由于废铅酸蓄电池中铅膏的颗粒度最小，它们将在破碎室下方振动筛内被水力冲洗到单独的铅膏沉降池。颗粒尺寸较大的废塑料碎片与铅栅碎片，由于密度不同，会在水力的作用下分开。其余废硫酸进入整个液体系统中。典型废铅酸蓄电池破碎分选工艺流程如图 3-2 所示。

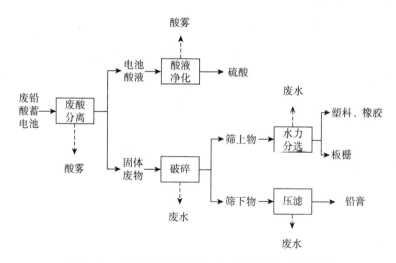

图 3-2　典型废铅酸蓄电池破碎分选工艺流程

2. 板栅熔炼工艺

废铅酸蓄电池在经过上一环节的破碎分选后，其中的金属铅栅碎片被单独收集起来。由于其为合金制成且熔点比铅膏低很多，因此这些金属铅栅碎片在被直接低温熔炼后，在精炼单元被制成精炼铅，或者根据其本身的合金成分，通过适当添加一些金属元素，并在调整成分后成为铅合金。板栅熔炼回收工艺流程如图 3 - 3 所示。

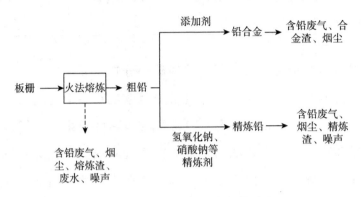

图 3 - 3　板栅熔炼回收工艺流程

3. 铅膏熔炼回收工艺

对于废铅膏的熔炼回收工艺，目前国内主流的铅膏回收生产精铅工艺流程被划分为火法与湿法两大类工艺。铅膏火法熔炼，是指通过高温加热的方法，在把其加热到熔融状态后，通过添加一些还原剂等化学品，将铅从中提炼出来的工艺流程。在我国，再生铅的火法熔炼工艺主要包括脱硫铅膏转炉熔炼—精炼工艺、铅膏与铅精矿混合熔炼工艺等；再生铅的湿法熔炼，是指采用一些酸性或碱性浸出溶液，将含铅废料溶解，然后在溶液中借助电力或化学作用，把铅从中提炼出来的工艺流程。

（三）分析对象

根据前文中提到的国内主流工艺使用情况，本书选取三种传统工艺和两种创新工艺为研究对象。

工艺 A：第一种传统工艺为反射炉。在倒掉废酸后，手工拆除废铅酸蓄电池外壳，然后将铅栅与铅膏的混合物投至反射炉进行熔炼，后续配精炼锅进行精炼。这类工艺的投资与技术门槛最低，常见于各类地下作坊。

工艺B：第二种传统工艺为铅膏预脱硫+转炉。在自动破碎分选后，使用碳酸钠对铅膏进行预脱硫（见图3-4）。脱硫后的铅膏送至转炉，加入铁屑与无烟煤等助熔剂，使用纯氧与天然气进行熔炼，后续配精炼锅对粗铅进行精炼（见图3-5）。

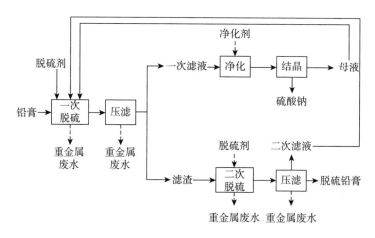

图3-4　铅膏预脱硫化学反应工艺过程

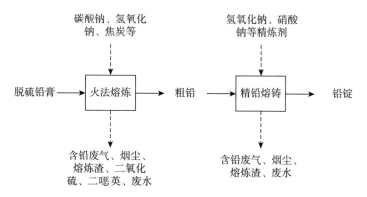

图3-5　脱硫铅膏火法熔炼—精炼铸造工艺过程

对铅膏进行脱硫后，炉料的含硫量降低了90%，这使需要添加的熔剂量和相应产生的二氧化硫排放量大幅降低。与未脱硫相比，铅膏脱硫后，能够使熔炼能力提升30%，使铅的一次回收率在90%以上，熔炼需要的温度比原先降低150℃，能源消耗量降低10%，熔炼铅渣减少75%，大幅降低熔炼成本。

脱硫铅膏在转炉中熔炼时，需要按比例加入碳酸钠、铁粉、煤粉、炉渣等辅料。使用工业纯氧与天然气进行加热，转炉内壁使用专用的耐火砖材料。燃料枪将氧气与天然气燃料喷射到转炉内壁实现充分燃烧，炉壁温度反射给铅膏混合物料进行加热。由于转炉不停低速旋转，铅膏等物料能够混合均匀，整个熔炼回收反应较为充分。

工艺C：第三种传统工艺为富氧底吹炉，也叫QSL炉。此种工艺不需要对铅膏进行预脱硫，在将其与原生铅矿粉混合后进行熔炼，生成高浓度的二氧化硫以制作硫酸，后续还配合还原炉与电解设备来炼精铅。该工艺结合原生矿，不仅省去了脱硫环节，而且有效利用了废铅膏中的硫元素，资源综合利用率较高，并且不需要额外添加助熔剂，从而降低了熔炼环节的铅渣产生量。铅元素损耗率因此降低，提高了铅金属的回收效率。但由于我国主管部门在制定再生资源产业退税政策时，要求原料中再生物料占比在90%以上，因此这种结合原生铅的工艺，在认定废铅使用量时存在障碍。其较难全部被国家主管部门认定为再生资源，在享受国家提供的退增值税等优惠政策时操作手续较为烦琐。

混合铅精矿熔炼工艺流程如图3-6所示。整体为卧式熔炉，内部需要安装专业的耐火材料，目前主要使用镁铬砖。根据工艺的要求及耐火砖的属性，铅渣线下方使用抗渣性、抗冲刷性比较高的镁铬砖

（MGe-20），铅渣线以上使用直接结合镁铬砖（MGe-16）。主体结构使用国产砖即可满足技术要求，氧气燃烧嘴区域需要安装进口的耐火材料。富氧底吹炉的两侧有两个排放口，分别为铅的出口与渣的出口。为防止出口处金属凝结，它们的底端都安装了氧气燃烧嘴，用于保温加热。

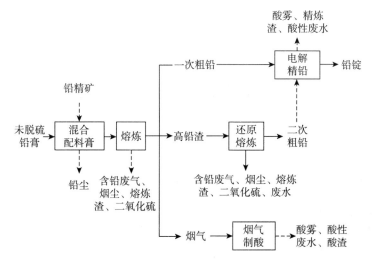

图3-6　混合铅精矿熔炼工艺流程

铅精矿搭配再生铅熔炼工艺，主要被应用于一些较大型的原生铅冶炼企业。其主体熔炼工艺流程与精铅矿熔炼基本一致，各种污染物的排放情况基本一致。再生铅和矿产铅混合熔炼工艺过程产生的主要污染物为冶炼渣与烟尘。在正常生产过程中，需要少量的设备冷却水。车间内冲洗水中可能含有微量的铅元素，但由于含量极低且属于偶然情况，因此在统计物料平衡中暂时不予考虑。

工艺D：第一种创新工艺为柠檬酸浸出工艺。铅膏在柠檬酸和柠檬酸钠溶液中进行浸出反应，生成 $Pb_3(C_6H_5O_7)2 \cdot 3H_2O$ 结晶物质。此后在350°C环境下进行烘焙加热，制成超细氧化铅粉，不需要进一步精炼（见图3-7）。

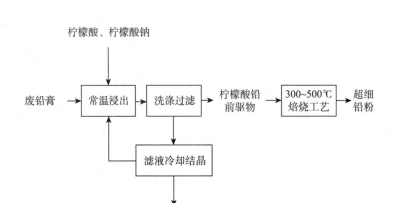

图 3 – 7 柠檬酸湿法浸出回收铅膏制备超细铅粉流程

有学者对国内再生铅企业破碎分选后的铅膏成分进行分析，通过使用 XRF、XRD 等物理及化学分析方法，发现废铅酸蓄电池破碎后产出的铅膏粒径细小，在经过碾钵磨细后，能够通过 120 目筛网的筛下物的比例可以高于 77.4%，说明进行湿法浸出转换具备可行性条件。有学者尝试使用柠檬酸溶液对铅膏进行浸出，研究了铅酸蓄电池废铅膏在柠檬酸、柠檬酸钠溶液中，铅离子浸出过程以及其形貌成分发生的变化。从分析的结果可以看出，浸出过程中大部分氧化铅与二氧化铅在一小时内能够完全充分反应，而硫酸铅的浸出反应相对而言较慢，浸出反应一小时后，脱硫率只有 36.2%，需要经过 8 小时才能完全脱硫。

工艺 E：第二种创新工艺为原子经济法工艺，也叫碱性溶液浸出工艺。首先在氢氧化钠溶液中浸出生成氧化铅，然后通过氢气将其还原成精铅。该类工艺的能耗达到 317 千瓦时/吨铅，该类工艺的反应液也可被循环使用。

其中传统工艺的物料与能源数据，主要从已出版文献关于现存再生铅厂的生产数据处获取；创新工艺的数据，主要从已出版文献实验工厂的生产数据处获取；其余数据主要来自工厂调研。

首先对研究对象进行划分，边界的进口端主要为破碎分选后的铅膏、回收过程消耗的电力能源和燃料，以及添加的各类助熔剂等化学品；出口端主要为精铅、回收过程中产生的三废污染物，以及相关副产品。铅膏回收研究边界见图3-8。

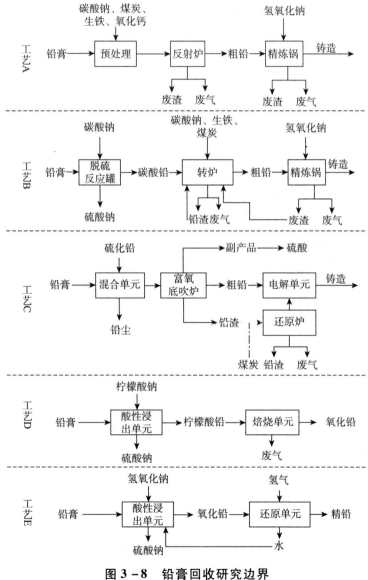

图3-8 铅膏回收研究边界

（四）分析结果

以回收 1 吨铅膏为基准，本书将五种工艺的投入与产出数据汇总起来。其中投入端包含原材料、化学品、能源子部门；关键物料回收率包含铅回收率与硫回收率子部门；产出端包含产品、副产品与污染物子部门（见表 3-2）。

表 3-2　典型回收工艺物料与能源平衡

部门	子部门	单位	传统工艺			创新工艺	
			粗放型反射炉	预脱硫转炉	富氧底吹炉	柠檬酸浸出法	原子经济法
投入端	原材料	铅膏	公斤	1000	1000	1000	1000	1000
	化学品	碳酸钠：预脱硫	公斤		175			
		无烟煤	公斤		35			
		碳酸钠：熔炼	公斤	2	20			
		生铁	公斤	14	20			
		氧化钙	公斤	16				
		柠檬酸钠	公斤				272	
		氢氧化钠	公斤					132
		氢气	公斤					9.2
		工业水	公斤				520	520
	能源	煤炭	公斤			100		
		天然气：8500kCal	立方	112	70		19	
		氧气：94%	立方		100		27	
		电力	千瓦时	100	50	180	100	0
关键物料回收率	铅回收率	%	95	98	98	97	99.5
	硫回收率	%	0	95	97	99	99.8

部门		子部门	单位	传统工艺			创新工艺	
				粗放型反射炉	预脱硫转炉	富氧底吹炉	柠檬酸浸出法	原子经济法
产出端	产品	精铅	公斤	766	790	790		802
		氧化铅	公斤				842	
	副产品	硫酸钠	公斤		222		232	234
		硫酸（98%）	公斤			157		
	污染排放	铅渣：铅含量≈2%	公斤	77	79	79	0	5.0
		铅烟、铅尘	公斤	83.5	14.5	14.5	24.2	
		二氧化碳	公斤	499	393	367	374	
		二氧化硫	公斤	106	5.3	3.2	1.1	

二 典型资源再生工艺流程的技术经济评价

（一）评价方法

本书首先采用技术经济评价（TEA）方法对各个回收技术的成本与收益进行评价。本方法基于各种工艺流程的物质能量投入产出表，通过计算各个技术成本与收益，计算各个技术的经济利润，从而对比评价它们的经济性。主要运行成本包括原材料、化学品及能源消耗，主要收益来源于最终产品与副产品。由于工艺 D 与工艺 E 目前还未进入大规模应用阶段，其初期的建设投资还未知，本书在此只对比五种工艺的运行成本。

（二）数据来源

2015 年 11 月对各类工艺涉及的各项原材料与产品的价格进行调研，数据源于我国在线贸易平台提供的价格，本书选取当月的平均价格。为了考虑原料与产品价格波动对利润带来的不确定性,本书进一步评价技术的经济敏感性,本书列出了各个物料在当年的最高与最低价格(见表3-3)。

表3-3 投入产出端物料单位价格

部门	子部门	单位	价格	最低价	最高价
原材料	铅膏	元/公斤	5.906	5.316	6.497
化学品	碳酸钠:预脱硫	元/公斤	1.350	1.200	1.680
	无烟煤	元/公斤	0.800	1.200	1.680
	碳酸钠:熔炼	元/公斤	1.350	1.200	1.680
	生铁	元/公斤	2.800	2.520	3.080
	氧化钙	元/公斤	0.700	0.630	0.770
	柠檬酸钠	元/公斤	6.300	5.670	6.930
	氢氧化钠	元/公斤	2.130	1.917	2.343
	氢气	元/公斤	19.685	17.717	21.654
	工业水	元/公斤	2.000	1.900	2.200
能源	煤炭	元/公斤	0.360	0.300	0.400
	天然气:8500kcal	元/立方	2.513	2.261	2.764
	氧气:94%	元/立方	1.200	1.000	1.400
	电力	元/千瓦时	0.700	0.600	1.200
产品	精铅	元/公斤	12.900	13.000	12.000
	氧化铅	元/公斤	13.100	13.300	13.000
副产品	硫酸钠	元/公斤	0.600	0.700	0.400
	硫酸(98%)	元/公斤	0.440	0.484	1.396

注:投入端包含原材料、化学品、能源;产出端包含产品、副产品。

(三)评价结果

典型工艺的成本、收益与利润对比见图3-9。其中成本由各个工艺投入端的原料、化学品及能源消耗量与相应的单位价格相乘后得到；收入由各个工艺产出端的产品及副产品的产出量与相应的单位价格相乘后得出；利润为前后二者相减产生的差值。在这个结果中，本书考虑了当前原料与产品的市场价格波动情况，分别显示了成本、收益与利润的最大值与最小值。图 3 - 9 显示，前三种工艺的经济利润均在 4000 元/吨左右，经济性差别较小，这就解释了这三类工艺在全国各个再生铅企业都被应用的原因。

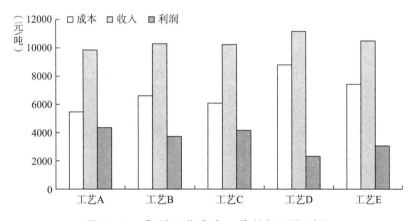

图 3 - 9　典型工艺成本、收益与利润对比

1. 典型铅再生工艺的经济成本

本书发现三种传统的废铅酸蓄电池回收工艺中，工艺 A 的成本为 5511 元/吨，在三者中处于最低水平，因为它是最简单的工艺，只消耗一些廉价的化学品与煤炭，并且没有配备脱硫设备；工艺 C 的成本为 6068 元/吨，处于中等水平，因为其在生产过程中与原生矿混合熔炼，并且不需要脱硫环节，节省了大量的脱硫成本；成本最高的为工艺 B，它的经济成本为 6584 元/吨，它是最复杂的工艺，在脱硫环节中消耗了大量的碳酸钠。在两种典型创新的废铅酸蓄电池回收工艺中，本书发现工艺 D 的成本为 8810 元/吨，在五类工艺中处于最高值，因为这个工艺在硫酸铅浸出单元使用的柠檬酸价格高，这极大地提升了它的成本；工艺 E 的成本为 7409 元/吨，因为其使用氢氧化钠与氢气等价格较高的原料。

2. 典型铅再生工艺的经济收益

本书发现三种传统的废铅酸蓄电池回收工艺中，工艺 B 的收入最高，单位收益为 10321 元，因为它的铅回收率最高，同时副产品硫酸钠可获得额外收入；工艺 C 的收入比工艺 B 稍低一些，单位收益为 10256 元，因为它的回收率与前者接近，且有硫酸作为副产品，能够取得销售收入；工艺 A 的收入最低，单位收益为 9876 元，因为它的资源回收率最低，并且没有回收硫元素。在两种典型创新的废铅酸蓄电池回收工艺中，它们的收入都比传统工艺要多很多，分别为 11170 元/吨和 10484 元/吨，因为它们的铅回收率更高，且副产品的经济价值也更高。

3. 典型铅再生工艺的经济利润

基于本书中的经济成本与收益数据，本书发现其中利润最高的为工艺 A，单位利润为 4365 元，略高于其他两类传统工艺。工艺 C 的单位利润为 4188 元，然而这个工艺的使用范围有较大的限制，它仅仅适用于原生铅冶炼企业。从经济性视角来看，在传统铅再生工艺中，工艺 B 的利润仅为 3737 元/吨，与传统工艺相比不占优势；而对于创新铅再生工艺而言，尽管其资源回收率更高，但受限于消耗了大量高价值的化学品，自身的利润受到了严重的影响，利润分别为 2360 元/吨和 3075 元/吨，与传统工艺相比不具备优势。废铅酸蓄电池回收企业本身都以追求利润为出发点，这些新工艺的经济性，成为它们今后在大规模推广过程中的主要障碍之一。在典型工艺利润敏感性分析方面，本书发现工艺 B 的波动性最大，这主要是由于 2015 年碳酸钠的市场价格波动范围较大。由于相关化学品价格波动的原因，两种创新工艺的利润的波动性也比传统工艺要高一些。整体而言，工艺 A 的经济效益优势最突出，而两种创新工艺经济效益相对传统工艺而言不具备优势。

三 典型资源再生工艺流程的环境影响评价

（一） 评价目的

目前以火法熔炼为代表的主流典型工艺、以湿法回收为代表的创新工艺的污染物排放大类区别较大，前者以废气和废渣为主，后者以废液为主；此外，具体到评价各类工艺，它们使用熔炼添加剂原料和对能源的消耗也差异较大；最后，不同工艺产生的副产品不同。

借鉴生命周期评价思想，可以较好地解决以上难题，首先，可以将单位废气、废水和废渣的污染性折算成统一指标进行对比；其次，可以追溯全生命周期中生产的上游环节，分析生产这些添加剂原料造成的污染排放情况；最后，可以考虑下游环节因这些副产品减少而减少的污染物排放量。通过生命周期评价方法将所有资源与能源的消耗以及污染的排放折算成统一的指标进行对比，得出不同工艺对环境的影响情况。

（二） 数据来源与指标

按照 ISO 14040 – 2006 文件中的解释，LCA 指对一个产品或者工艺过程系统的生命周期进行分析，对其输入、输出及其直接与间接环境影响进行汇总和评价。详细而言主要包含四个环节：研究目的与范围的确定、物质清单分析、影响评价，以及相应的结果讨论与解释。本方法主要关注评价废铅酸蓄电池回收技术产生的直接与间接环境影响，其中包括所有的原材料、能源消耗，固体废物、废水及废气的污染排放。直接环境影响主要取决于工艺现场造成的污染排放情况，间接环境影响主要由消耗的原材料与能源引发。

为了避免地域性误差，本书以中国生命周期基础数据库（CLCD）的数据作为计算上下游环境影响的依据。CLCD 包含中国本土的原材料、化学品、能源、交通、废物管理数据，是国内目前唯一可公开获得中国本土 LCA 的基础数据库。CLCD 包含 600 多个汇总过程数据集，并仍在不断扩展，已被 1000 多个研究机构、生产企业、认证企业及个人用户应用。

造成废铅酸蓄电池回收中环境问题的主要因素有铅与硫的回收率、铅烟与铅渣的排放、二氧化硫排放、化学品消耗、能源消耗、二氧化碳排放。这六类污染排放或能源消耗，会对环境造成不同方面的危害。为了能将其统一到一个量纲内进行对比分析，需要选取一些合适的环境影响指标。在对五种工艺进行环境影响评价时，主要选取以下 6 种环境影响指标：非生物资源的消耗（Chinese Abiotic Depletion Potential，CADP）、人体毒性和致癌性（Human Toxicity and Carcinogenicity，HTC）、酸化潜力（Acidification Potential，AP）、水体富营养化潜力（Eutrophication Potential，EP）、一次能源需求（Primary Energy Demand，PED）、全球变暖潜能值的变化（Globalwarming Potential，GWP）。计算过程采用 eBalance 软件。

（三）评价结果

本书考虑的功能单元为回收 1 吨铅膏，对我国五种典型工艺进行评价。主要考虑此功能单元内的原材料投入、能源消耗、污染排放与最终产品。系统边界包括专门的回收工艺流程，起点为废铅酸蓄电池中的铅膏，终点为标准化的工业铅产品。地理边界限定在中国。为集中对比关键回收工艺的优劣，本评价部分暂不将塑料壳、铅栅和废酸的回收工艺集成到一起。此外，工厂建设期与运输阶段的环境影响也暂不被考虑。

典型回收工艺总环境影响、直接环境影响、间接环境影响指标对比见图 3-10、图 3-11、图 3-12。图 3-10、图 3-11、图 3-12 中每个技术对应的六个指标值代表了它们的环境影响程度，值越大表明环境影响越大。从图 3-10、图 3-11、图 3-12 可以看出：①总的环境影响中，虽然工艺 A 与工艺 D 的环境影响都非常显著，但从图 3-11、图 3-12 可以看出，造成二者环境指标值较小的原因不同；②工艺 A 的环境影响较大，主要体现在酸化潜力、人体毒性和致癌性这两项指标上，且都是在现场的直接环境影响，这主要是由于工艺 A 在运行过程中，排放大量铅烟与二氧化硫；③工艺 D 的环境影响较大，主要体现在一次能源需求、全球变暖潜能值的变化、水体富营养化潜力这三项指标，且都是不在现场的间接环境影响，这主要与其消耗的化学品在制造过程中的能耗有很大关系；④与此同时，本书发现传统工艺 C 与创新工艺 E 的多项环境影响指标都显示为优。因此，目前一些创新工艺虽然在现场的直

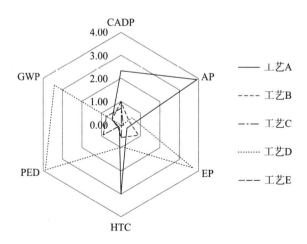

图 3-10 典型回收工艺总环境影响指标对比

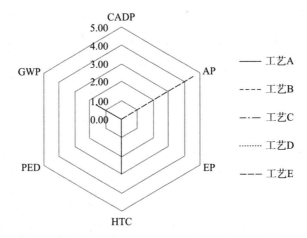

图3-11 典型回收工艺直接环境影响指标对比

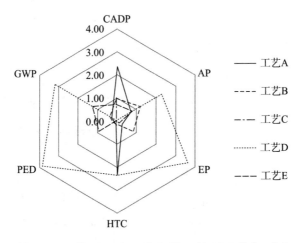

图3-12 典型回收工艺间接环境影响指标对比

接环境影响较小，但其引发的间接环境影响比传统工艺要大。在今后的回收工艺研发与选择过程中，应当考虑其所引发的间接环境影响。

六种环境影响指标的详细对比情况详见图3-13、图3-14、图3-15、图3-16、图3-17、图3-18。其中的正值表示造成的环境影响，负值表示减少了相应的环境影响。

1. 非生物资源的消耗。因为在再生铅的生产过程中，铅资源被回收，只投入了相对较少的其他化学品将其制造成铅锭等工业原材料，这节省了大量的自然铅矿资源。五种工艺的负值基本相似，由于创新工艺的铅回收率较高，其值相对而言更低一些。

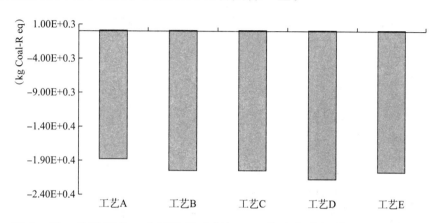

图 3 - 13 典型回收工艺环境影响指标——非生物资源的消耗详细对比

2. 人体毒性和致癌性。对于传统火法回收技术而言，由于在高温熔炼过程中，烟囱对外排放的污染物中会包含大量的铅尘，这会造成严重的环境污染。工艺 E 的值为负，因为这个工艺全程在常温下进行，没有废气排放。

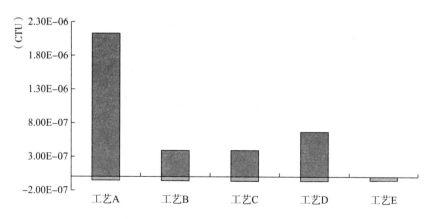

图 3 - 14 典型回收工艺环境影响指标——人体毒性和致癌性详细对比

3. 酸化潜力。本书发现工艺 A 的环境影响最大，主要是由于没有脱硫设施，也没有硫的回收设施，在回收过程中排放了大量的二氧化硫，造成了严重的危害。与此相反的是，其他四种工艺在这项指标上都为负值，主要是由于节省自然铅资源而减少了对环境的影响。

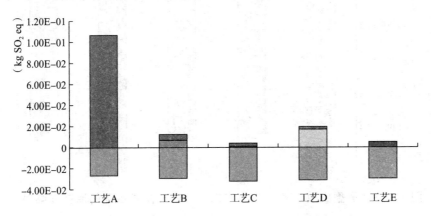

图 3 – 15　典型回收工艺环境影响指标——酸化潜力详细对比

4. 水体富营养化潜力。除工艺 D 以外，其他四类工艺的环境影响总值为负值，主要是由于工艺 D 消耗了大量柠檬酸，带来了严重的间接环境影响。

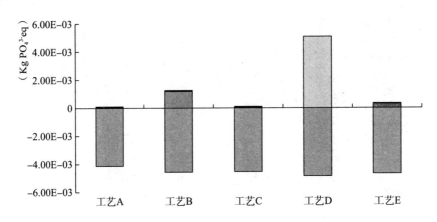

**图 3 – 16　典型回收工艺环境影响指标——水体
富营养化潜力详细对比**

5. 一次能源需求。大部分铅再生工艺的环境影响为负值，即对环境改善有帮助，主要是由于减少了对原生铅矿资源的开采与冶炼。但是，工艺 D 的环境影响为正值，主要是由于其使用了大量的柠檬酸。柠檬酸生产环节消耗了大量能源，带来了间接环境影响。

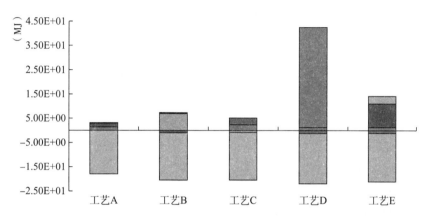

图 3 – 17　典型回收工艺环境影响指标——一次能源需求详细对比

6. 全球变暖潜能值的变化。与上一项指标结果类似，大部分工艺的环境影响结果为负值，因为避免了对原生铅矿开采和冶炼引发的温室气体排放。然后，同样由于柠檬酸的问题，工艺 D 在此指标上面表现最差。

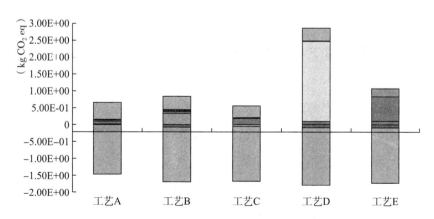

**图 3 – 18　典型回收工艺环境影响指标——全球变暖
潜能值的变化详细对比**

根据回收工艺投入与产出参数的不确定性，本书对其环境影响结果的敏感性进行分析。本书测试了 HTC 对于铅烟排放量的敏感性，主要基于五种不同的情景，除了基准情景外，最差情景为增加 40% 的铅烟排放，较差情景为增加 20% 的铅烟排放；与此相反，最好情景为减少 40% 的铅烟排放，较好情景为减少 20% 的铅烟排放。图 3 - 19 中的结果表明，工艺 A 的 HTC 指标，对于铅烟排放量最为敏感。因此，如果使用工艺 A，在环保设施不完善的时候，会造成更严重的环境危害。

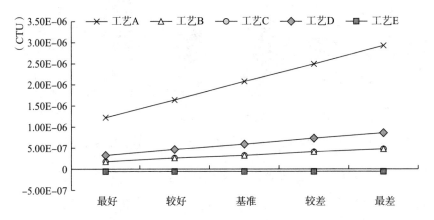

图 3 - 19 典型回收工艺铅尘排放量对环境影响结果的敏感性分析

四 典型资源再生工艺流程的对比分析

粗放型反射炉熔炼回收工艺，即板栅铅膏混合熔炼工艺的含铅污染物大部分是由反射炉熔炼工艺流程造成的。该流程的铅烟、铅尘及铅炉渣的产出量非常高，而铅资源的一次直收率非常低。因此，在现实的再生铅生产过程中，再生铅企业应该加强对铅烟、铅尘的处置，提高尾气末端布袋除尘室与废气沉降室等设备的效率。与此同时，更应提升工艺水平，减少铅渣的排放量。往往由于后续的铅精炼环节也缺乏铅烟、铅尘的收集处置装置，其极易造成铅烟对外排放超标。由于熔炼与精炼过程中浮渣的产生量非常高，其占到总含铅物质产量的将近80%。该类铅熔炼的浮渣被收集再次返回到了反射炉进行熔炼，极大地增加了熔炉整体的环境负荷。

熔铅之前的脱硫工艺，是目前回收废铅酸蓄电池中的铅的主流趋势，同时也是今后技术发展的重点方向。采用铅膏脱硫技术，能够极大减少熔炼过程中 SO_2 的产生量，降低熔炼过程的硫元素处置负荷，同时使铅烟、铅尘的排放量相对于混合熔炼工艺而言大大减少。铅膏预脱硫加转炉熔炼工艺过程产生的主要污染物有冶炼渣与烟尘。根据再生铅企业公布的重金属污染产生及排放情况数据，铅膏脱硫—转炉熔炼工艺的铅污染主要是由转炉在高温熔炼工序时造成的。该工序的污染来源主要是在高温状态下的炉渣和铅尘。因此，高温熔炼工序应当强化对铅烟、铅尘的处理，改造与升级转炉后端布袋除尘与废气洗涤塔等专业除尘装备与技术，提升铅烟、铅尘的回收率。同时通过革新技术，提升对铅膏中铅资源的直接回收率，或使用减渣剂等化学品，来减少转炉中铅渣的产生量。

根据传统原生铅企业公布的重金属污染排放分析数据，铅精矿粉混合废铅膏熔炼工艺的固体废物主要为烟化炉单元熔炼阶段产生的固体铅渣污染物。这个单元的固体污染物主要是由水淬渣的排放造成的。所以，在今后的再生铅生产中，再生铅企业应该重点关注对水淬渣的环保处置与回收利用，探索对水淬渣的科学回收利用途径，以减少其随意堆放可能给环境造成的污染风险。气体形态的铅烟、铅尘污染物，主要在精铅生产单元产生，这个环节包括火法粗铅精炼与利用电力来电解精炼。应当强化精炼环节的管理规范，提升工序尾端的处置技术水平，提升铅烟、铅尘的过滤率，减少其向外部环境的排放量。这类工艺流程中，铅资源的直接收集率较低，大概只有83.36%。在熔炼炉末端收集起来的铅烟、铅尘与熔炼浮渣，全部被送至前段的富氧底吹炉，进行二次循环熔炼。这种做法提高了铅资源的收集效率，但是极大地增加了熔炼物料的处理总量，将使总的工艺成本升高。因此，在今后的生产与研发过程中，建议通过提高熔炼单元的铅资源一次收集率，来降低整体的成本。

五　本章小结

本章选取了工艺 A 反射炉、工艺 B 转炉、工艺 C 富氧底吹炉这三类传统铅再生工艺，以及工艺 D 柠檬酸浸出与工艺 E 碱性溶液浸出两种创新工艺。界定技术评价的关键流程从铅膏开始，到制成铅产品为止。根据文献检索与数据调研，经过物质流分析，汇总编制了五种典型工艺的原料、化学品、产品、副产品、污染物平衡清单，然后据此开展经济与环境影响评价。

首先，使用技术经济评价方法，对五种回收工艺进行传统的经济利润评价，发现在传统工艺中，工艺 A 具有显著的技术优势，而工艺 B 与工艺 C 的经济性次之，但三者利润均在4000元/吨左右；相对而言，两种创新工艺的利润较低，为2000～3000元/吨。这说明如果仅从传统的技术经济性进行评价，创新工艺可能还不存在优势。

其次，对五种工艺进行溯源型环境影响评价，在评价不同工艺相应的直接与间接环境影响后，本书发现经济性最具优势的工艺 A 的直接环境影响最大；而考虑间接的污染排放后，发现工艺 D 由于潜在的环境污染，总的环境影响较大。

　　最后，本章认为工艺 B 为目前较理想的工艺，可以作为产业的重点推荐对象。考虑到工艺 C 虽然在经济与环保性方面与工艺 B 基本一致，但由于其运行需要结合原生铅矿，其可以作为我国现阶段并存的铅再生工艺。而创新工艺 E 环境影响最小，应在实现工厂的规模化生产，验证其能够稳定运行后，作为推荐的工艺。

第四章 我国再生资源跨区域流动
轨迹模拟

第三章已经从典型工艺层面进行了评价分析，本章将从区域层面，对我国废铅酸蓄电池跨区域流动的轨迹进行模拟，从而为今后计算跨区域转移带来的间接污染转移量提供依据。

一般而言，废弃产品的跨境转移分两个层面。一是国际层面，例如日本与中国之间；二是国内层面，例如北京市与河北省之间。国家之间废弃产品的转移情况均在海关总署有记录，从中可以较直接地查到系统全面的进口与出口数据。《巴塞尔公约》规定，危险固体废物禁止跨国转移处理，我国产生的废铅酸蓄电池仅能在各省份之间流转。然而，由于我国缺少相关监管，废铅酸蓄电池在各省份之间的转移量仍旧是未知数。此外，经济发展水平落后地区的再生铅厂，由于资金不足等原因，往往使用较落后的回收技术，从而排放了大量污染物。

由于缺少国内废铅酸蓄电池跨省份转移的统计数据，无法直接判断废铅酸蓄电池的跨省份转移量，因此，本书探索一种高效便捷的方法，以有限的数据，追踪废铅酸蓄电池跨省份转移量。首先，估算各省份废铅酸蓄电池的产生量；其次，调研各省份主要再生铅厂的废铅回收量；最后，使用最小距离最大流模型（MDMF），推算废铅在各省份之间的转移量（见图4-1）。

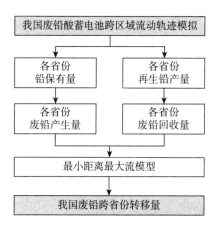

**图4-1 废铅酸蓄电池跨区域
流动轨迹模拟流程**

一 我国各省份再生资源产生量推算

（一）基于分省份保有量的推算方法

许多学者做过废电器电子产品产生量预测方面的研究，他们主要基于产品销售量与产品寿命，例如市场供给模型（A）、斯坦福模型、消费与使用模型、时间阶梯模型，这类方法的主要思路为根据产品生产年份时的产量，结合产品的使用寿命，推算出产品在后续各个年份的废弃量。产品的使用寿命根据可获取的数据详细度，分为平均使用寿命，或是基于平均值的正态分布式的寿命等。

但是铅酸蓄电池在销售后可能转移到别的区域被使用，在其生命周期结束后，我们无法准确判断其在哪个区域被报废，这方面的误差将严重地影响以上模型对各省份的预测结果,所以本书使用社会库存模型,基于中国各省份铅酸蓄电池的保有量与平均使用寿命,来预测各省份废铅产生量:

$$G_t = \sum_{i=1}^{n} \frac{S_t^i \cdot M_i}{L_i} \qquad (4-1)$$

其中,G_t 代表某省份在第 t 年的废铅产生量,S_t^i 代表第 t 年第 i 类铅酸蓄电池的社会保有量,M_i 代表第 i 类铅酸蓄电池中废铅含量,L_i 代表第 i 类铅酸蓄电池的平均使用寿命。

(二) 再生资源产生来源的数据

目前我国已成为世界第一大制造国,2012 年产值为 1500 万美元,占全球市场的 39.5%,产量占全球的 1/3,也是全球最大铅酸蓄电池出口国。中国铅酸蓄电池总产量由 2001 年的 29.6 万千瓦时增长至 2013 年的 20523 万千瓦时。铅酸蓄电池的应用领域已从汽车启动电源、电动自行车、不间断电源等发展到新能源汽车、风能和太阳能等电力、通信等,主要有三类铅酸蓄电池,分别为:启动电池、动力电池与储能电池。2012 年销售额分别为 325 万、600 万和 345 万美元,所占比例依次为 25.6%、47.2% 和 27.2%。近年来中国启动电池、动力电池的应用领域不断增加,在铅酸蓄电池的应用构成中,汽车、摩托车和电动自行车的消费比重从 2008 年的 62% 增长到 2010 年的 67%,储能电池领域将成为中长期新的增长点。本书主要基于 2013 年各省份铅酸蓄电池的保有量,来推算废铅产生量。

1. 废启动铅酸蓄电池的产生量

启动电池是铅酸蓄电池最早的应用类型,主要用于轿车、摩托车、大型车辆等的内燃机的启动、照明和点火等,目前机动车启动

100%使用铅酸蓄电池。2001年生产的启动型蓄电池，占到了全国铅酸蓄电池使用总量的80%。我国于2001年加入世界贸易组织后，长期压抑的汽车消费能力得到释放，我国汽车产销量于2009年首次超过美国，成为全球最大消费市场；2011年汽车保有总量已突破1亿辆，当年中国汽车与摩托车产量分别为234万辆与1041万辆；2013年汽车与摩托车产量分别为2212万辆与2289万辆。2015年我国汽车销售量为2459.75万辆，摩托车销售量为1883.22万辆；截至2015年底，我国机动车保有量达2.79亿辆（其中汽车为1.72亿辆，摩托车为0.91亿辆）（见图4-2）。

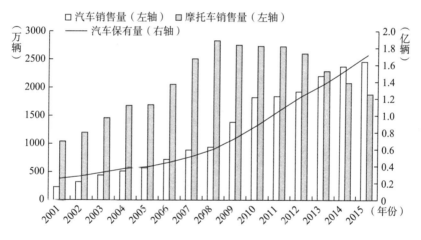

图4-2　2001~2015年我国汽车保有量

摩托车逐渐被电动自行车代替，其年产量已于2008年达到顶峰，并开始下降，预计今后年产量会继续缓慢降低。发达国家人居汽车保有量非常多，以美国为例，全国3亿人口共拥有2.54亿辆汽车，而我国目前人均轿车保有量远低于这一水平。据预测，至2025年，我国汽车保有量将达到2.56亿辆，这将使我国汽车保有量超过美国，位居世界第一。因此，以轿车为代表的汽车，会继续带动铅酸蓄电池的应用。

2013 年中国汽车保有量达 1.37 亿辆，经济发达地区的人均汽车保有量远高于经济发展水平较低地区，例如北京市当年人均汽车保有量为 0.245 辆，而安徽省仅为 0.059 辆。因此，经济发达省份是废启动铅酸蓄电池的主要产区。根据平均值计算，汽车中铅酸蓄电池铅含量为 25 千克。该类电池平均使用寿命为 3 年。

2. 废动力铅酸蓄电池的产生量

动力电池是指具有较大电能容量和输出功率，主要为电机提供动力的电池。虽然汽车启动电池总量继续保持增长，但随着电动自行车市场的飞速发展，启动电池所占比例在逐年下降。由于石油资源本身匮乏的属性，世界各国正在努力开发基于新能源的交通工具，目前主要有电动自行车、低速短程游览车以及叉车等，油电混合车（HEV）、纯电动汽车是新的发展方向。我国私家新能源轿车的保有量，尤其是东部沿海地区的保有量显著增长，动力电池成为当今中国的研究热点。

由于国民人均经济收入、人口居住密度等与西方发达国家的差距，我国无法重走欧美发达国家以汽车为主要交通工具的发展模式。从交通工具所占空间来看，电动自行车占的空间为私家车的 5%；从能源消耗角度来看，电动自行车的碳排放量分别是公交车的 46%、摩托车的 21%、汽车的 5.8%。有学者研究显示，在 8 公里出行距离以内，就"点对点"式交通方式的总体耗时而言，电动自行车显著优于地铁、公交车等交通工具，略微优于以 32 公里/时速度行驶的小型汽车。

电动自行车因购置成本低、使用成本低和维护成本低的经济优势，加之功能上的适用性，成为我国居民出行优先考虑的方式。此外，由于我国技术进步、城市摩托车禁行令、地方政府支持绿色交通等，加之公共交通设施不完善，自20世纪90年代中后期开始，特别是2008年以来，中国电动自行车产业发展迅速。其中，1999年全国电动自行车产量仅为15万辆，但2008年电动自行车产量达到2300万辆，保有量达到8000万辆，2015年，电动自行车产量为3003.36万辆，当年电动自行车保有量为2亿辆（见图4-3）。

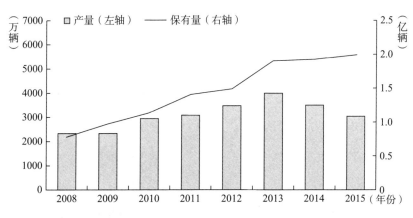

图4-3 2008~2015年我国电动自行车产量与保有量

2013年，电动自行车产业的集中度显著提高，行业中前十强厂商的制造量已占整个市场的47%，中国生产世界上95%的电动自行车而成为该行业的世界领导者。将来，电动自行车的保有量可能会有4亿辆或更多。

我国传统的低速短程车主要使用铅酸蓄电池，在场馆车、游览车、高尔夫车等较小范围内被使用，2012年全国低速汽车为1145万辆。近年来纯电动车（EV）逐步开始代替传统燃油汽车。当前中国70%以上的居民生活在中小城市、城镇以及农村地区，日常通勤距离不超过20公里，行车平均速度一般低于60公里/时。在大规模推广应用新能源汽车时，由于低速短程电动车具备车身轻、耗电少等优点，在城镇中低收入居民群体中具有较大的需求。

各种城市代步用的低速纯电动轿车（时速为 50 公里左右，续行 100 公里左右）在山东、河南等省份已形成较大市场规模，3～4 座的车为 2 万～3 万元，这类车 95% 以上采用铅酸蓄电池，新电池成本为 5000 元左右，电池以旧换新价格在 3000 元左右，计算电池折旧与充电成本后，百公里使用成本可降低 20 元。铅酸蓄电池的性价比处于优势地位，这将给铅酸蓄电池的发展释放巨大的市场空间，因此目前我国 20 多个省份近百家企业在制造和销售低速短程电动汽车。

混合电动汽车是可以同时或轮流把汽油和电力作为动力来源的汽车，具有油电互补的运行方式，所以具有省油节能的经济优势。与传统汽车相比，油电混合汽车能够减少 50% 的 CO_2 排放量，减少 90% 以上的 NO_x 等排放量，并且成本显著低于纯电动车，燃料经济性提高 2 倍左右。澳大利亚联邦科学与工业研究所研发的超级铅酸蓄电池的电压高达 111V；将它安装在本田一款混合动力车中进行测试发现，该试验车辆只用一组铅酸蓄电池，在无维修记录的情况下能够行使 16 万公里，近期，其还没有在我国被大规模推广应用。

据统计，2007 年，约 95% 电动自行车使用的电池类型为铅酸蓄电池，虽然近年来随着科技进步，锂电池比例在逐步提高，但 2013 年，铅酸蓄电池占到 90% 以上，短期内以铅酸蓄电池为主的状况仍难以改变。与发达国家相比，我国电动自行车人均保有量远超汽车。由于电动自行车价格低廉，且大部分城市公交体系不够完善，电动自行车成为城市居民出行的主要交通工具之一。各省份电动自行车人均保有量基本一致。电动自行车中铅酸蓄电池的铅含量平均值为 15.4 千克。其平均寿命近 2.5 年，比启动电池的寿命要短一些。

3. 废储能铅酸蓄电池的产生量

储能电池主要应用在通信基站等领域，虽然其数量比前两者要少，但它的存在也不能被忽略。储能电池的重要功能之一为在主电源故障或中断时提供应急备用电源，以确保为主体设备提供持续的电力支撑。应急备用电池一般用于电信通信系统、不间断电源设备（UPS）等，以及最近快速崛起的可再生能源行业的电能储存系统。2010 年铅酸蓄电池仍是储能电源的主导产品，占 90% 以上的市场份额。储能电池目前在国内主要的应用为通信基站与 UPS，电力储存比例逐年上升（见表 4-1）。

表 4-1　中国储能电池的应用情况

单位：%

分类	2005 年	2007 年	2009 年	2011 年
通信基站	42	44	43	42
UPS	36	37	37	38
备用	6	4	5	4
安防	4	4	3	3
控制器	6	5	6	6
应急灯	4	4	3	2
电力	2	2	4	5

中国新能源主要带动铅酸蓄电池以下三方面的需求：第一是在普通城市照明系统中，太阳能白天存储在储能电池中，晚上用作照明使用，约占 60% 的市场份额；第二是在将光伏太阳能电池板集成到建筑屋顶后，电能先被存储到铅酸蓄电池中，然后供给用户或并入电网；第三是户外的太阳能与风能发电站，因为产生的电压与电流不稳，其通过电池被储存后，被平稳地输送到电网中。我国目前风能与光伏发

电比例较低，但逐年提高。

我国印发的《可再生能源中长期发展规划》和《可再生能源发展"十三五"规划》，促进光伏电站和独立风力发电站的建设。既定目标是到 2020 年，将可再生能源发电比例提升到 15%，示范省份内可再生能源消费在能源消费中的占比超过 30%。我国政府已启动的解决边远落后地区用电的光明工程等，其当前正处于实施阶段。这些项目主要通过光伏或风能发电来解决用电问题，经济发达地区继续加大可再生能源的示范力度，通信工业和光伏风电产品对其的应用将显著增长。此外，我国约有 100 万艘小型船只，其是推广风力和光伏发电的最佳应用场地。

在发电领域，目前只有抽水储能和一部分蓄电池储能得到了比较广泛的应用，早在 1986 年，德国建成了世界上第一个铅酸电池储能电站。其高速发展将给铅酸蓄电池带来新的机遇，按照我国年 30GW 的新能源装机容量推算，储能市场将达到 1000 亿元的水平。铅酸蓄电池凭借低成本和性能良好，预计会占光伏与风力发电市场的 75%。据有关专家推算，每 1 亿千瓦发电机组需要约 130 万千瓦时的电池。普通发电站的正常工作寿命约为 20 年，其间需要更换 2~5 次电池，会产生大量的报废铅酸蓄电池。

2012 年，中国三大通信运营商的基站数量：移动为 70 万个、联通为 70 万个、电信为 25 万个。2013 年工信部向三大运营商发放 4G 牌照，使 2014~2015 年迎来了 4G 建设的高峰期。2014 年国内通信用铅酸蓄电池的需求恢复到 40% 以上的增长速度，给通信用铅酸蓄电池制造企业带来显著的销售增长，节能环保高温型阀控式密封铅酸蓄电池包揽 4G 订单，估计价值为 20 亿元。基站电池使用年限为 6~8 年，所以就目前来讲，其占报废来源的比例较小。预计未来随着我国通信网络的日趋成熟以及进一步建设，移动通信基站电池需求量将继续保持增长，从而成为未来我国铅酸蓄电池市场新的增长点。

世界电脑使用量在 2007 年已超过 10 亿台，主要电脑供应商与政府正在向发展中国家，尤其是中国销售第二个 10 亿台电脑。但由于发展中国家电网不稳定的原因，需要大量电池给电脑作为备用电源。

由于铅酸蓄电池成本低且性能稳定，因此在户外储能领域具备优势。本书从《中国统计年鉴》中收集各省份的电信基站数据。正常情况下，每个电信基站有两个电池组，每个电池组由 24 块电池构成。其中每块铅酸蓄电池的平均铅含量为 16 千克。它的平均寿命比前两者要长，可以达到 5 年。

（三）推算结果分析

根据本书的计算，我国各省份废铅酸蓄电池的产生量为 198 万吨（见图 4-4）。广东省、山东省、江苏省和河南省居前 4 位，每个省份产生的废铅量在 12 万吨以上。

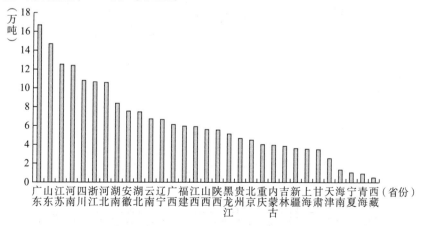

图 4-4 我国各省份废铅产生量

二 我国主要省份再生资源回收量推算

（一）基于回收率的推算方法

铅酸蓄电池是再生铅最主要的原料，其他铅产品的使用周期较长且分布在各处，例如含铅电缆线、涂料、管材等都不如铅酸蓄电池容易回收。中国有色金属工业协会每年会调研中国主要的再生铅工厂，编制各省份再生铅产量并公布在《中国有色金属工业统计年鉴》中。因此，各省份废铅回收量可以通过其再生铅产量与平均回收率推算得出。在本书中，根据常见的回收技术水平，整体的平均回收率按95%计算。

（二）推算结果分析

根据本书的计算，我国主要省份废铅酸蓄电池的回收量为157万吨（见图4-5），主要位于中国的中东部地区。安徽省列首位，年废铅回收量达到42万吨，随后分别为河南省与湖北省。

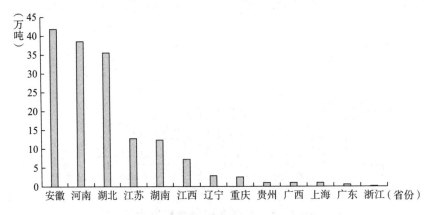

图4-5 我国主要省份废铅回收量

三 我国再生资源跨省份转移量推算

（一）基于 MDMF 的推算方法

虽然我国统计部门没有废铅流动的数据，但是经济规律支配着其在不同区域之间的转移。铅酸蓄电池较重，在不考虑污染排放的情况下，回收技术门槛较低。首先，其在报废后，将被收集并运输至离它最近的再生铅厂，以节省运输成本。但是每个再生铅厂的回收能力有限，所以当这个再生铅厂达到最大回收能力后，多余的废铅酸蓄电池将被运输到下一个离它较近的再生铅厂。绝大部分的废铅酸蓄电池都是由卡车运输的，运输的单位距离经济成本［单位：元／（吨·公里）］基本一致，所以运输成本主要取决于运输距离。最终总的废铅物质流（f^*）将达到最小距离最大流状态，各省份之间铅的总转运量 $Td(f^*)$ 为：

$$Td(f^*) = \min \sum_{i=1}^{n} \sum_{j=1}^{n} D(P_i \rightarrow P_j) \cdot f(P_i \rightarrow P_j) \qquad (4-2)$$

其中，$D(P_i \rightarrow P_j)$ 代表从 i 省（P_i）到 j 省（P_j）的废铅运输距离，此处的距离暂定为各省份省会之间的距离，$f(P_i \rightarrow P_j)$ 代表从 i 省（P_i）到 j 省（P_j）的废铅转移量（单位：吨），各省份之间的运输能力 $f(P_i \rightarrow P_j)$ 此处没有上限。图 4-6 中从 P_1 到 P_2 的连线代表了这些转移，$Td(f^*)$ 的单位为吨·公里。被跨境处置再生铅的平均运输距离 $Ad(f^*)$ 为：

$$Ad(f^*) = \frac{d(f^*)}{\sum_{i=1}^{n} \sum_{j=1}^{n} f(P_i \rightarrow P_j)} \qquad (4-3)$$

为了在物质流网络中设置各省份的废铅产生量与回收量，本书增加了虚拟产生点（G）和虚拟回收点（R）。某省份 P_i 的废铅流出量上限为其废铅产生量 $F(G \rightarrow P_i)$，某省份 P_j 的废铅流入量上限为其废铅回收量 $F(P_j \rightarrow R)$。在这个假设中，本书将虚拟产生点到各省份的虚拟运输距离 $C(G \rightarrow P_i)$ 和各省份至虚拟回收点的虚拟运输距离 $C(P_i \rightarrow G)$ 设置为0。最终，本书将为我国废铅在境内的跨区域转移相关情况建立一个物质流网络。

图4-6中，位于左半部分的端点和连线表示每个省份的废铅虚拟产生量，位于右半部分的端点和连线表示每个省份的废铅虚拟回收量。本书将全部省份分为三类：P_1 将自身废铅运到别的省份处置；P_2 接收外部省份转运过来的废铅；P_3 自己独立回收自身产生的废铅，$\rightarrow$ 表示废铅跨区域转移。

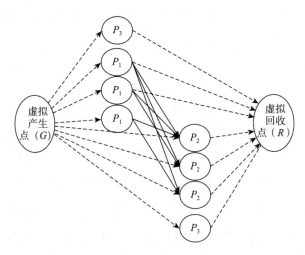

图4-6 增加虚拟产生点与回收点的 MDMF 网络

在一个典型的物质流网络中，如果其中两点间存在路径，那么这条路径就有对应的流量上限与距离。最小距离最大流模型通常被用于解决网络中流量的经济与管理问题。本书使用 Ford-Fulkerson 算法，通过迭代计算，来解决本书中的相关问题。首先，任意两个点之间的流量被清空，并被赋予 0 这个初始值，所以最初整个网络内的流量为 0；其次，开始进行迭代计算，在每次迭代计算中，先寻找可以增加流量的路径，然后增加其流量；再次，本书逐步增加从产生事物点到回收点的流量；最后，在一些路径达到最大流限制后，本书得出网络流结果，从中可以看到任意两点间的流量。

在计算废铅的转移量后，本书将每个省份的废铅流入量与流出量进行可视化处理。这些可视化的效果，可以帮本书更好地评估再生铅企业的地理分布情况。

（二）推算结果分析

我国主要省份废铅跨区域转移量见图 4-7。全国总的废铅跨省份转移量为 99.6 万吨，约占全国废铅总产生量的 63%。17 个省份不能完全回收、处置自身产生的废铅酸蓄电池，应当将部分或全部废铅酸蓄电池转运至周边省份进行处置。广东省、山东省和河北省是三个较大的废铅流出省份，它们的废铅流出量分别为 16.07 万吨、14.72 万吨和 10.57 万吨。大量废铅主要流向六个省份，其中前三个省份为安徽省、湖北省和河南省，它们的废铅流入量分别为 34.31 万吨、28.02 万吨和 26.10 万吨。各个省份之间废铅的跨区域转移量可以从图 4-7 中线条的粗细程度看出，其中比较显著的为广东省至湖北省、河北省至河南省、浙江省至安徽省、山东省至安徽省，这四对省份的转移量均在 10 万吨以上。我国废铅跨省份回收量与流入量见表 4-2。

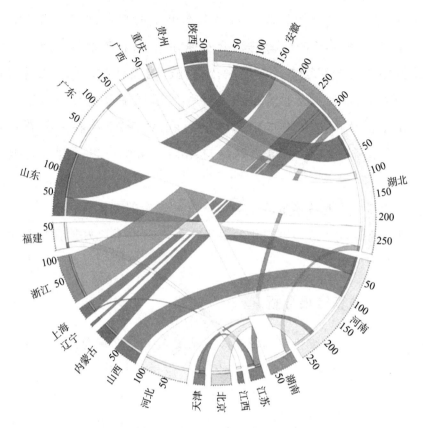

图 4 – 7　我国主要省份废铅跨区域转移量

注：图中数据单位为千吨。

表 4 – 2　我国废铅跨省份回收量与流入量

单位：万吨，%

	产生量	江苏	安徽	江西	河南	湖北	湖南	回收量	流出量	流出率
北京	4.51	0	0	0	4.51	0	0	0	4.51	100
天津	2.54	1.47	0	0	1.07	0	0	0	2.54	100
河北	10.57	0	0	0	10.57	0	0	0	10.57	100
山西	5.60	0	0	0	5.60	0	0	0	5.60	100
内蒙古	4.00	0	4.00	0	0	0	0	0	4.00	100

续表

	产生量	江苏	安徽	江西	河南	湖北	湖南	回收量	流出量	流出率
辽宁	6.68	0	0.72	0	0	0	0	2.86	0.72	11
上海	3.58	0.30	2.38	0	0	0	0	0.90	2.68	75
江苏	12.51	0	1.47	0	0	0	0	12.81	1.47	12
浙江	10.64	0	10.52	0	0	0	0	0.12	10.52	99
福建	5.99	0	0	1.29	0	4.70	0	0	5.99	100
山东	14.72	0	10.37	0	4.35	0	0	0	14.72	100
湖南	8.35	0	0	0	0	1.17	0	12.35	1.17	14
广东	16.68	0	4.85	0	0	11.22	0	0.61	16.07	96
广西	6.13	0	0	0	0	0	5.18	0.95	5.18	85
重庆	4.06	0	0	0	0	1.61	0	2.45	1.61	40
贵州	4.70	0	0	0	0	3.73	0	0.97	3.73	79
陕西	5.59	0	0	0	0	5.59	0	0	5.59	100
流入量		1.77	34.31	1.29	26.10	28.02	5.18			
回收量		12.81	41.85	7.22	38.51	35.54	12.35			
流入率		14	82	18	68	79	42			

注：辽宁存在一种可能，即部分废铅被非正规企业回收，所以没有被统计进来，这一点在文中将进行说明。

考虑到废铅的运输距离，中国废铅每年的运输量为72837万吨·公里，每吨废铅的平均运输距离为967公里。本书认为，整体而言，我国废铅酸蓄电池在报废后被运输到再生铅工厂的这段距离过长。这表明我国废铅酸蓄电池回收产能分布失衡，例如从表4-2中可以看出，内蒙古有4万吨废铅通过长途运输，在安徽进行处置。

我国全部正规再生铅工厂的回收总量，比本书计算的全年废铅产生量少了将近20%，四川与新疆等省份远离主要的废铅酸蓄电池回收省份，它们产生废铅酸蓄电池的去向仍旧未知，这表明我国报废的铅酸蓄电池，有相当一部分被运输至非法废铅酸蓄电池回收企业。这些非法企业在这些省份或周边，它们通过躲避环保部门监管来生存，往往回收技术落后，没有环保设施，其环境危害程度远高于正规合法企业。我国环保部门今后应当重视，更多地关注这些废铅酸蓄电池的未知流向，要求各省份上报废铅酸蓄电池的去向。与此同时，再生铅产业协会应当加强调研非正规回收企业，估算它们在我国的回收产能。此外应当思考重新构建我国再生铅企业的数据上报系统。通过这种方式，能够减少非法企业的回收处理量，同时研究者们能够更准确地计算废铅在各省份的转移量。

四　本章小结

本章基于调研获取各省份废铅产生量与回收量，使用 MDMF 推算废铅跨区域转移量。

首先调研我国各省份的启动、动力、储能铅酸蓄电池的保有量，结合其平均使用寿命，推算出我国主要省份废铅酸蓄电池中的产生量；广东省、山东省、江苏省和河南省居前 4 位，每个省份产生的废铅量在 12 万吨以上。通过调研再生铅企业的生产数据，结合平均回收率，推算出我国主要省份废铅酸蓄电池的回收量；废铅酸蓄电池回收主要发生在中国中东部地区。安徽列首位，年废铅回收量达到 42 万吨。

然后使用 MDMF 分析我国目前废铅酸蓄电池跨省域转移量发现，全国总的废铅跨省域转移量为 99.6 万吨，约占全国废铅总产生量的 63%。17 个省份需要将部分或全部废铅酸蓄电池转运至周边省份进行处置。广东省、山东省和河北省的废铅流出量分别为 16.07 万吨、14.72 万吨和 10.57 万吨；安徽省、湖北省和河南省的废铅流入量分别为 34.31 万吨、28.02 万吨和 26.10 万吨。

结合以上废铅跨区域转移量数据、第三章中典型工艺回收单位废铅的排放量，可以计算废铅跨省份转移带来的间接转移量。

第五章　我国再生资源产业绿色
发展模式构建

在明确了不同资源再生工艺在经济与环境方面的优劣势后，单纯使用庇古手段，对再生资源企业征收环境治理费用，并不能在我国发挥显著作用。为解决回收企业存在的"工艺逆选择"等问题，应当构建一套符合绿色发展理念的绿色技术评价方法，并设计相应的再生资源产业绿色发展机制，共同构建适合我国现阶段的再生资源产业绿色发展模式。

我国再生铅产业绿色发展模式的构建包含三个重点：首先，将环境资源作为产业经济发展的内在要素；其次，把社会经济生产、消费与回收产业中的利益相关者都考虑在内；最后，把实现全局的可持续发展作为产业绿色发展的目标。因此，本章内容主要包括构建绿色技术评价方法、铅循环周期环境责任协调机制与废铅跨区域流动生态补偿机制（见图5-1）。

本章将首先分析铅再生工艺绿色利润，选择绿色铅再生工艺；其次，探索制定补贴标准与调研的可行性，进行再生铅补贴金额定量调研；最后，测算跨区域转移的间接污染量，找到废铅跨区域生态补偿的依据。结合上述内容，提出我国再生铅产业绿色发展模式的政策建议。

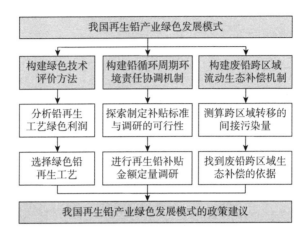

图 5 – 1　我国再生铅产业绿色发展模式构建流程

一　构建绿色技术评价方法

（一）资源再生工艺的绿色利润分析

在第三章中，本书分别对五种典型回收工艺的经济利润与环境影响进行分析。由于回收环境与利润属于不同角度，如图 5 – 2 所示，若将二者综合到一起，则无法进行对比研究。

1. 结合污染治理成本的目的

本书探讨一种理论方法，将二者放到一个平面进行综合处理，从而对某回收技术进行全面的经济与环境效益评价。具体而言，本书寻求一些标准化的方法，将废铅回收过程中产生的污染排放，转化为当地的环境成本，并代入单纯的经济成本收益分析中，从而得到各个回收技术在考虑环境污染的前提下，能获得的经济利润，为不同技术进行对比提供条件。

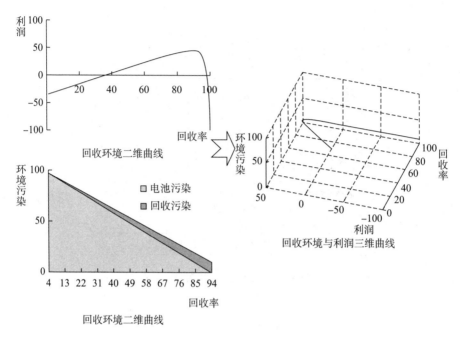

图 5 - 2 废铅的回收率—利润—环境污染三维曲线图

本书将借鉴目前环境经济效益核算的方法，把其应用于对废铅酸蓄电池回收过程中污染物影响的定量研究中。通过研究废铅酸蓄电池回收过程中铅流动规律，对多种铅再生工艺进行对比，分析各流程中的污染物排放量；使用环境治理成本模型，从治理成本角度定量研究在回收利用过程中对排放的污染物的相应治理成本，为行业征收环境治理费用提供依据。

2. 治理成本法的数据来源

本书主要针对再生铅技术的回收环节，不考虑运输环节，也不考虑项目建设期。本书主要从治理成本法角度进行研究，困难点主要在于数据的获取。以往主要进行微观层面的研究，数据来源为研究文献和现场调研以及相关行业处置废物的收费情况。但按照以往的经验，随着污染物治理量的增加，单位治理成本会呈指数增长，仅对单个案例涉及的数据进行研究可能存在较大的出入。同时，由于各方面的限制，无法通过调研获取完整的数据。

因此，本书考虑借助宏观方面的环境经济数据解决治理成本呈指数增长的问题（见图5－3）。首先获取某年份某区域某具体污染物的排放量，然后获取当年在这块区域治理这类污染物需要的治理费用，最后用前者除以后者，得出该类污染物的单位治理成本。从宏观层面获取治理成本的来源为统计年鉴和行业标准等，主要的来源如下：《中国环境统计年报》《中国能源统计年鉴》《中国统计年鉴》《中国城市建设统计年报》《中国环境统计年鉴》等。

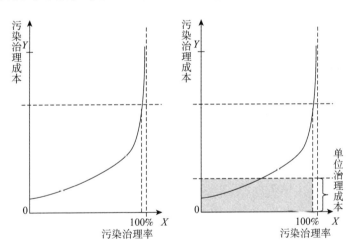

图5－3　借助宏观方面的环境经济数据解决治理成本呈指数增长的问题

3. 治理成本的分析结果

有色冶金行业典型污染物单位治理成本见表5－1。各类污染物的单位治理成本相差较大。此外，由于宏观数据只针对常见污染物，没有涉及废气排放中关于铅尘的数据，故本书选取《环境保护税税目税额表》中的铅尘数据。由于大气污染物每污染当量税额为1.2元，污染物中铅及其化合物的污染当量值为 0.02 千克，据此推算，则铅尘的单位治理成本为 6 万元。

表 5 - 1　有色冶金行业典型污染物单位治理成本

污染物	污染物量 （万吨）	治理费用 （万吨）	单位治理成本 （元）	数据来源
重金属	0.048368	47468	981404	宏观推算
氰化物	0.035132	10353	294679	宏观推算
COD	6.6027	9515	1441	宏观推算
石油	0.25798	3615	14011	宏观推算
氨氮	2.15428	9228	4283	宏观推算
污水污染物合计	9.09846	80178	8812	宏观推算
污水量合计	40554	80178	2	宏观推算
铅尘	—	—	60000	《环境保护税税目税额表》
SO_2	515.2	267175	519	宏观推算
烟尘	305.9	30269	99	宏观推算
工业粉尘	401.5	56153	140	宏观推算
NO_x	14.8	44739	3023	宏观推算
废气合计	1237.4	398336	322	宏观推算
普通固废	2982	71042	24	宏观推算
危险固废	42.94	69759	1625	宏观推算
固废合计	3024.94	140801	47	宏观推算

　　本书关注再生铅厂重点污染物的治理成本，主要为铅尘、二氧化硫和铅渣，五种典型铅再生工艺中这三类污染物排放量相应的治理成本见图 5 - 4。从中可以看出铅尘的危害性最大，同时其相应的治理成本占最主要的部分。其中工艺 A 总的环境治理成本约为 5000 元/吨，而工艺 B 和工艺 C 的环境治理成本都低于 1000 元/吨。两种创新工艺

的环境治理成本相差较大，工艺 D 的环境治理成本达到 1452 元/吨，
高于两种传统工艺，而工艺 E 的环境治理成本仅为 6 元/吨。

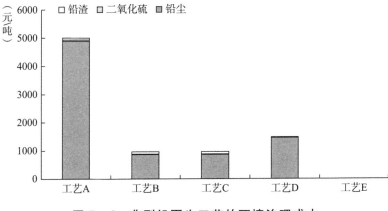

图 5 - 4　典型铅再生工艺的环境治理成本

（二）绿色资源再生工艺的择选

1. 绿色利润的分析结果

结合治理成本，本书在分析经济利润的基础上，得到了每种工艺
的绿色利润，典型铅再生工艺经济利润与绿色利润对比见图 5 - 5。

从图 5 - 5 可以看出，虽然工艺 A 的经济利润最高，但由于其排
放了大量的污染物，在考虑治理成本后，其绿色利润为 - 792 元/吨，
表明在此种工艺水平下，再生铅的回收过程并不能为社会创造绿色经
济价值，即其回收过程造成环境的严重污染。工艺 B 与工艺 C 相应的
治理成本较低，绿色利润分别为 2770 元/吨和 3222 元/吨，二者具有
较大优势。创新工艺 D 由于治理成本较高，其最终的绿色利润仅为
907 元/吨。与此相反的是，由于工艺 E 污染物排放量非常少，其绿色
利润与经济利润一致，达到 3068 元/吨，在考虑环保治理成本后，与
传统工艺相比具备竞争优势。

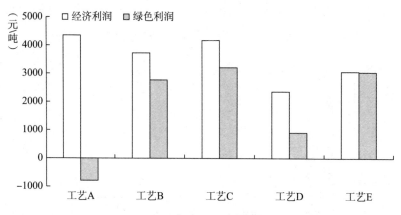

图 5 - 5 典型铅再生工艺经济利润与绿色利润对比

2. 绿色工艺的对比讨论

本书对比分析了中国五种典型铅再生工艺，即基于它们的原材料、能源、产品、副产品、污染物数据，进行经济与环境影响分析。根据分析结果，本书发现并非全部的创新型湿法回收工艺，都能作为今后技术升级的备选方案。在今后的工作中，政府管理部门应当考虑将间接环境影响纳入环境保护要求的范围内，还应当将不同回收工艺的污染治理成本纳入其绿色利润评价中。政府管理部门今后可以考虑补贴先进工艺。此外，经济成本、环境成本等会根据市场情况动态变化，因此应当建立长效机制而非短期政策。

随着我国再生铅产量与比重双双提升，今后铅再生创新工艺会继续出现。本书构建的绿色技术评价方法，可以针对新研发的工艺，直接开展经济与环境方面的分析，对不同的铅再生工艺进行归一化的对比，进而为我国制定再生铅绿色技术推荐方案提供科学的依据。

二 构建资源循环周期环境责任协调机制

再生铅企业作为危险废物回收企业，在创造经济利润的同时，在回收过程中也排放了少量污染物,对环境造成了一定的影响,这也就是本书之前提到的环境负外部性。但这减少了社会危险有害废物量,降低了废铅酸蓄电池对环境的整体危害程度,说明其存在环境正外部性。

无论是环境负外部性还是环境正外部性,都会引起资源配置失灵,所以应当将其内在化。政府管理部门应该重新审视再生铅产业同时具备的环境负外部性与正外部性,在对其征收环境治理费用的同时,思考环境受益方应当承担的责任。本书认为,除了应使用庇古手段对再生铅企业征收环境治理费用外,还应为使用先进工艺的再生铅企业提供补贴。

当前先进铅再生工艺无法在我国大范围推广,正规合法再生铅企业无法采购到足量的废铅酸蓄电池,使用落后工艺的非法企业野蛮生长,这是因为非法的Ⅱ类再生铅企业的经济利润高于正规的Ⅰ类再生铅企业。而Ⅰ类再生铅企业很大一部分成本为环保设备运行成本或环境治理费用,为了弥补Ⅰ类再生铅企业在这方面的劣势,本书引入回收补贴,来支持Ⅰ类再生铅企业进行技术升级,相关补贴即技术升级补贴主要由铅酸蓄电池的使用者来承担(见图5-6)。

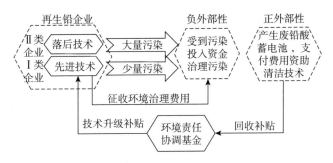

图5-6 再生铅产业环境责任协调机制

目前回收废铅酸蓄电池可以减少资源浪费与环境污染物排放量,

具有相应的环境保护效用，但这往往无法在货币上得到直接体现。在把这个值量化为经济价值之前，应当确定一个明确的参照标准。

（一）再生资源补贴金额标准的制定依据

在确定参照标准前，首先应当梳理清楚典型铅酸蓄电池中铅流动模式与污染排放情况。典型铅酸蓄电池中废铅流动模式如图5-7上半部分虚线框所示：自然界中的铅矿资源经过开采、冶炼，成为工业原料进入生产企业，其将生产的铅酸蓄电池销售给消费者，此后，如果不进行回收利用，则最终应当按照危险固体废弃物的标准进行固化填埋处置。在铅矿资源的开采、冶炼和生产环节，工业废水、废气与固体废物是主要的污染物。即使企业以一部分经济成本用于建设和运行环保设备，在对大部分污染物进行处置后，其也仍然会向外界排放少量污染物；另外，废铅被固化填埋处置，也需要投入一定的经济成本。这一模式也被称为原生铅矿开采利用废弃模式。

在对铅酸蓄电池中的铅进行回收后，典型铅酸蓄电池中铅流动模式如图5-7右下部分实线框所示：铅产品由生产企业流向消费者，此后成为危险废物，废铅酸蓄电池回收企业在将危险废物收集起来后，使用各自不同的工艺对废铅酸蓄电池中的有价资源进行回收利用，然后将其处置制造成再生资源并运输至铅酸蓄电池生产企业，使铅循环流动。图5-7中阴影部分覆盖生产企业、消费者和危险废物，表明与它们相关的三个环节是铅流动模式的重叠部分。这一模式也被称为完全回收模式。

回收企业可以选择使用火法或湿法回收技术，但回收过程都不可避免地会产生污染物排放情况。火法工艺流程会产生大量铅烟、铅尘；湿法工艺流程虽然还未被广泛地应用于回收企业，但当前已经有

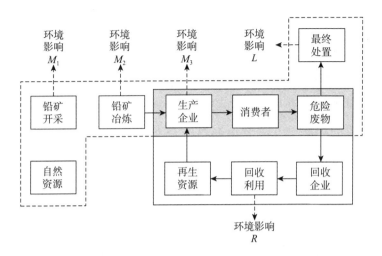

图 5 – 7   典型铅酸蓄电池中铅流动模式与污染排放情况

资料来源：Fig. 5 – 7 Schematic Diagram of Lead Substances and Pollution in LAB Industry。

大量研究成果。湿法工艺流程只有微量废气排放，但会产生工业污水。这些流程所产生的污染物在图 5 – 7 中用虚线箭头表示，主要来源于生产企业环节的环境影响 M_3 与回收利用环节的环境影响 R。

1. 原生资源流程视角的参照标准

在对完全回收模式的污染物排放情况与原生铅矿开采利用废弃模式进行对比后发现，生产企业环节的环境影响 M_3 所造成的污染同时存在于两种模式中，此环节对两种模式产生的环境污染影响相同，因此在对比两者总的污染差别时可去除 M_3，从而可推算出废铅回收利用环境效益（EB），计算公式：

$$EB = (M_1 + M_2 + L) - R \tag{5-1}$$

由公式（5 – 1）可见，此时考虑的环境效益为铅矿开采、冶炼及最终处置环节的环境影响，减去回收利用环节的环境影响。此种方案考虑的范围最广，按此方案计算得出的环境效益也最大。但由于我国目前再生铅量占精铅量的比重已基本达到40%，并且在今后会越来越高，因此此种方案有些不妥。

2. 废物处置视角的参照标准

铅酸蓄电池废弃后成为危险废物，如果没有被妥善处置就将对环境造成严重的影响，从处置废弃物的视角进行考虑，则产生的环境效益为：

$$EB = L - R \qquad (5-2)$$

此时的 L 可以视为废电池被随意丢弃后引起的环境污染，但由于这个概念过于宽泛，故可以用将废电池作为危险废物进行固化填埋处置时发生的费用表示，即假设付出这些费用后可消除相应的环境污染。

3. 环保法规视角的参照标准

由于废铅具备价值，因此回收的过程也是生产的过程，可以选取国家对产业的污染排放标准值作为参照标准。其回收过程中排放值低于国家标准的部分可按照环境效益进行计算。此种方案计算出的结果最小，但从客观角度出发，对于目前再生铅产业整体的工艺水准来说，为应对污染排放，应当增加布袋除尘室等环保设备，来降低污染物总量以达到国家标准。如果还低于国家标准，则需要投入更高的单位成本来降低污染物总量，此时治理的经济成本已经显著高于其环境效益，如果今后国家按照这个标准对企业进行补贴，那么补贴是低于其环保成本的，因此，这个方案不具备可行性。

4. 公众主观效用视角的参照标准

以上方法虽然可以根据污染物排放量来进行定量计算，但忽略了以下内容：同样的污染物排放量，在经济发展水平不同的地区、人均收入不同的地区以及环境容量不同的地区，给当地居民带来的环境效用和对环境的破坏程度是有差异的。因此，除了客观的环境保护效益评价方法以外，国内外很多学者开始关注主观的环境经济效益评价方法，即通过问卷调研的方式来了解居民参与回收的行为、态度与支付意愿等。

5. 环境经济效益视角的参照标准

我国开展环境经济效益计量工作以来，在国家或省份层面做了部分评价工作，虽然计算出的环境经济效益结果给人们留下了深刻的印象，但由于这些环境经济效益分析缺乏标准的方法和可靠的数据支撑，计算结果存在较大的不确定性，故难以将其应用并进行综合考虑。鉴于本书计算研究的内容，居民主观的支付意愿法可以作为本书的分析标准。

通过调研居民的支付意愿，可以了解居民主观愿意为铅酸蓄电池回收支付的经济成本，其可以作为政府对再生铅企业提供技术升级补贴的参考。本书以使用铅酸蓄电池的居民家庭用户为例，开展调研工作。

（二） 再生资源补贴的测算

1. 回收补贴的调研方法

条件价值法（Contingent Value Method，CVM）主要针对某个城市内具体的某种商品。为获取居民的平均支付额度，使用 CVM 进行量化研究。条件价值法被用来量化每个居民的支付意愿，在 20 世纪六七十年代形成，CVM 可以用来评价各种资源环境使用和非使用价值，被广泛用于非市场估值技术和陈述偏好估值领域。CVM 符合经济需求和消费者偏好效用理论，它的结果能充分体现个人对产品的主观感受，发现每一个消费者的剩余价值，以提供合理的建议。CVM 能够核算环境质量提高所带来的相应经济价值，是为自然环境资源和生态保护政策的制定提供定量建议的工具，可以解决现有经济模型无法定量核算环境保护商品经济价值的问题。为了获得公众对废弃物回收的支付意愿的影响因素，使用二元 Logistic 回归模型。另外，WTP 是将因变量划为二分类变量的回归分析方法，对选取的自变量类型没有严格的要求，定性参数或定量参数都可用。国外学者普遍认为这种方法可以从公众角度为政府提供衡量再生资源产业环境经济价值的主观依据。

调研居民支付意愿的方法分为两类，包括连续 CVM（以开放式问题为代表）和离散 CVM（以多元选择问题为代表）。对于离散 CVM，研究者和被调查者只需要表明他们的意愿，即选择"是"或"否"。对于受访者，这是很容易的，但所有选项和研究人员的行为可能影响最终结果。因为之前没有学者对废铅酸蓄电池的回收进行支付意愿的相关研究，为了得到真实的数据，本书选择使用连续 CVM。对于连续 CVM，受访者通过回答开放式问题，自由填写愿意支付的最高金额，这便于后期分析。此外，连续 CVM 的缺点是，由于有时受访者不了解实际金额的上限，或者对预期答案没有准确的估计，其给出的答案可能偏离实际情况，或对最终结果造成干扰。

为了避免以上问题，提高调查结果的准确性，本书首先设计了两个调研问题，分别涉及绝对的价格和相对百分比的销售价格，然后对比每个受访者提供的数值是否互相靠拢；其次，使用截尾均值法（在删除顶部数据和底部数据后，取中间数据的平均值）函数来修正调研结果，换句话说，删除最高和最低的 5% 后，取中间的 90% 的平均值。

此外，为了获得影响居民家庭对废铅酸蓄电池支付意愿的社会经济要素，本书使用二元 Logistic 回归模型，它的因变量为二分类变量。在进行二元 Logistic 回归分析时，假设模型中被解释变量为"您是否愿意为回收铅酸蓄电池支付一定的费用"，$Y = 0$ 代表不同意支付，

$Y=1$ 代表同意支付，记为 X_i（$i=1，2，\cdots，m$），其代表 m 个影响 Y 的自变量。

居民家庭同意支付发生的条件概率为 $P（y=1\mid x_i）=p_i$，得到二元 Logistic 回归分析方程：

$$p_i = \frac{1}{1 + e^{-\alpha + \sum_{i=1}^{m}\beta_i x_i}} = \frac{e^{\alpha + \sum_{i=1}^{m}\beta_i x_i}}{1 + e^{\alpha + \sum_{i=1}^{m}\beta_i x_i}} \qquad (5-3)$$

$$1 - p_i = 1 - \frac{e^{\alpha + \sum_{i=1}^{m}\beta_i x_i}}{1 + e^{\alpha + \sum_{i=1}^{m}\beta_i x_i}} = \frac{1}{1 + e^{\alpha + \sum_{i=1}^{m}\beta_i x_i}} \qquad (5-4)$$

$$\ln\left(\frac{p_i}{1-p_i}\right) = \alpha + \sum_{i=1}^{m}\beta_i x_i \qquad (5-5)$$

其中，p_i 代表被调查者 i 愿意为回收铅酸蓄电池支付的成本的比例，$p_i /（1-p_i）$ 为该事件发生的比例。因为 $0<p_i<1$，所以这个值为正值。在对它进行对数变换处理后，可计算出 Logistic 回归模型的线性模式。其中，β_i 表示解释变量的回归系数，α 表示回归截距。

2. 回收补贴的数据取样

铅酸蓄电池在北京生产和生活的许多方面被使用，如用于汽车启动、用作电动自行车动力电池等。据环境保护部估计，北京废电池的 40% 来自汽车，20% 来自电动自行车，它们的回收问题比其他问题更严重。来源于能源行业的废电池的监管条件良好。2014 年，在北京，只有 3 个合法的收货机构收集废电池（涉及废电池的收集和运输），只有 1 个回收厂处理废电池（涉及废电池的破碎和分选，但不包括熔炼回收）。

2014 年 3 月北京市统计局的数据显示，北京的汽车和电动自行车数量分别达到 551 万辆和 270 万辆。每个废电池平均重量为 15～20 公斤，它们的使用周期短：来源于汽车和电动自行车的废铅酸蓄电池产量约为 75000 吨/年。据专家估计，储能类电池的报废量约等于汽车电池量，而牵引类电池的报废量被认为相当于 5%～10% 的汽车电池量。考虑到各种因素，北京每年的铅酸蓄电池报废量是 12 万吨至 15 万吨。

在这个调研中，本书将北京市内拥有汽车或电动自行车的家庭作为调研主体，因为它们是废铅酸蓄电池的主要来源，同时也是废铅酸蓄电池的直接自主处置者。样本框架主要基于《北京统计年鉴 2013》，所有行政区被分为四个功能区：首都功能区、城市功能区、城市拓展区和生态涵养区。根据各个区域内不同的人口数量，本书分别取相应的样本值。

样本类型与分布。调研样本类型与其在各区域的分布情况见表 5 - 2，共发放 1000 份调研问卷给各个区域内的汽车与电动自行车用户，有效回收数分别为 440 份和 491 份，最终有效问卷回收率为 93.1%。

表 5 - 2　调研样本类型与其在各区域的分布情况

	首都功能区	城市功能区	城市拓展区	生态涵养区	合计
常住人口（百万人）	2.195	10.082	6.53	1.886	20.693
行政区域（个）	2	4	5	5	16
占比（%）	10.61	48.72	31.56	9.11	100
汽车用户问卷数（份）	53	243	158	46	500
电动自行车用户问卷数（份）	53	243	158	46	500
总问卷数（份）	106	486	316	92	1000
汽车用户有效问卷回收数（份）	47	212	136	45	440
电动自行车用户有效问卷回收数（份）	50	241	153	47	491
有效问卷回收数（份）	97	453	289	92	931
有效问卷回收率（%）	91.51	93.21	91.46	100.00	93.10

本调研在 2014 年 6 月展开，在对 20 名学生进行集中培训后，由其到各个区域发放调研问卷。为了获得准确的调研结果，本书的调研通过面对面的访谈式交流展开。接受培训的学生分别在各个区域内随机寻找当地居民，并在确定其家庭拥有汽车或电动自行车后，对其进行访谈并由其填写问卷。

3. 回收补贴的调研结果

居民样本社会经济特性。在最终有效的 931 份调研问卷中，受访公众基本社会经济特性见表 5-3。

表 5-3　受访公众基本社会经济特性

单位：人，%

基本信息	分组	人数	比例	描述值	平均值	均差
类型	汽车用户	440	47.26	4	2.95	1.00
	电动自行车用户	491	52.74	2		
年龄	18~25 岁	236	25.35			
	25~30 岁	237	25.46			
	31~40 岁	249	26.75	—	—	—
	41~50 岁	148	15.90			
	51~70 岁	61	6.55			
性别	女性	474	50.91	0	0.49	0.50
	男性	457	49.09	1		
受教育程度	初中及以下	29	3.11	1	3.93	1.10
	高中	72	7.73	2		
	大专	156	16.76	3		
	本科	404	43.39	4		
	硕士	218	23.42	5		
	博士	52	5.59	6		

续表

基本信息	分组	人数	比例	描述值	平均值	均差
家庭收入	0～10000 元/月	174	18.69	5000	20800	12587
	10001～15000 元/月	190	20.41	12500		
	15001～20000 元/月	133	14.29	17500		
	20001～25000 元/月	159	17.08	22500		
	25001～35000 元/月	144	15.47	30000		
	35001 元/月及以上	131	14.07	45000		

居民接受的支付金额。调研的样本中，有 400 位汽车用户与 412 位电动自行车用户愿意支付一些费用，用于支持废铅酸蓄电池的清洁回收。铅酸蓄电池用户接受的支付金额分布见表 5 - 4。在移除其中最大与最小的 5% 值后，两类用户接受金额分别为 48.72 元与 26.05 元，接受占比分别为 4.96% 与 4.04%。通过对两类用户统计数据的分析，本书发现汽车用户比电动自行车用户愿意支付更多的金额，确保废铅酸蓄电池被清洁回收。

表 5 - 4　铅酸蓄电池用户接受的支付金额分布

单位：元，%

数值	汽车用户		电动自行车用户	
	接受金额	接受占比	接受金额	接受占比
平均值	62.57	6.39	29.70	4.81
修正平均值	48.72	4.96	26.05	4.04
最小值	0	0	0	0
5% 值	0	0	0	0
25% 值	20.00	2.00	10.00	2.00

数值	汽车用户		电动自行车用户	
	接受金额	接受占比	接受金额	接受占比
平均值（50%）	50.00	5.00	20.00	4.00
75%值	50.00	6.00	50.00	5.00
95%值	200.00	25.00	50.00	10.00
最大值	600.00	80.00	400.00	100.00

与此同时，为了确保调研结果的准确性，本书用两组可接受的比例除以可接受的金额，计算出的相应铅酸蓄电池价格分别为982元与644元。在中国，大部分新的铅酸蓄电池售价为400~1000元，这表明调研结果在合理范围内。

对本书的调研发现，汽车与电动自行车中废铅平均含量分别为25千克与15.4千克。另外，根据两类用户愿意承担的处置费用，分别得到两类用户可以贡献的补贴额，为1920元/吨与1688元/吨，综合平均值约为1800元/吨。

社会经济特征与支付意愿的关系。本书使用SPSS 17.0软件进行回归分析，分别分析了汽车用户与电动自行车用户的社会经济特征与支付意愿的关系（见表5-5、表5-6）。本书发现从目前统计结果来看，仅公众对EPR概念的了解程度具有统计学显著性。这个结果表明，政府应当加强对公众环保责任概念的宣传，以增强公众对承担回收责任的意识。对汽车用户而言，他们的年龄、受教育程度、家庭收入、危废概念都没有显著的相关性；而对于电动自行车用户而言，除了EPR概念外，家庭收入与支付意愿的相关性比较高。从结果中还可以发现，受教育程度较高的人群也没有显著的环境责任意识。

表 5 - 5　汽车用户的社会经济特征与支付意愿的关系

特征项	B	S. E	Wals	df	Sig.
性别	- 0. 038	0. 199	0. 037	1	0. 848
年龄	0. 008	0. 01	0. 587	1	0. 444
受教育程度	0. 061	0. 093	0. 437	1	0. 509
家庭收入	- 0. 002	0. 085	0	1	0. 982
危废概念	- 0. 05	0. 085	0. 339	1	0. 561
EPR 概念	0. 672	0. 174	14. 896	1	0
常量	- 1. 277	0. 605	4. 46	1	0. 035

表 5 - 6　电动自行车用户的社会经济特征与支付意愿的关系

特征项	B	S. E	Wals	df	Sig.
性别	0. 174	0. 189	0. 848	1	0. 357
年龄	- 0. 001	0. 01	0. 013	1	0. 908
受教育程度	0. 001	0. 096	0	1	0. 994
家庭收入	0. 167	0. 084	4. 001	1	0. 045
危废概念	0. 014	0. 081	0. 032	1	0. 858
EPR 概念	0. 688	0. 168	16. 687	1	0
常量	- 1. 364	0. 602	5. 136	1	0. 023

　　用户接受的支付方式。调查选择赞同与中立的居民偏向的支付方式，38% 的汽车用户选择在"以旧换新时"进行抵扣（见图 5 - 8），大多数汽车用户认为此方式更加便捷，直接从销售废电池的费用中进行抵扣，并同时做到购买新电池、处置旧电池、缴纳电池处置费用。建议政府部门在制定政策时考虑汽车用户与电动自行车用户的意愿。

　　对区域外再生铅工厂的补贴意愿。当前大部分发达省份缺少处置、回收废铅酸蓄电池的相应能力，以北京市为例，2019 年，只有一家具备资质的回收企业，即北京市生态岛科技有限责任公司，它位于北京市房山区。尽管这家公司已经从国外引进 CX 破碎分选设备，但其回收处置能力仅为 1 万吨/年，且没有后续的铅膏熔炼设备。相对于每年大量的废铅产生量，当前的回收处置能力远远不足。北京市大量的废铅酸蓄电池流入周边省份，包括河北、河南等地区。根据调研结果，超过 70% 的用户愿意补贴非本地区的再生铅工厂，这个结果表明，用户以一个积极的态度解决环境问题。

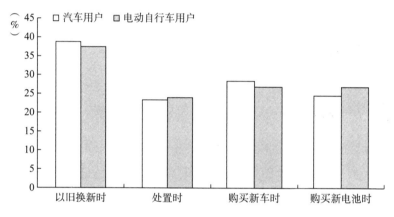

图 5-8　铅酸蓄电池用户接受的支付方式

（三）环境责任协调机制可行性分析

本章以铅酸蓄电池用户可获得的主观环境效用价值为依据，涉及先进铅再生工艺的补贴。在确定对环境影响较小且适合推广的工艺后，我国再生铅产业环境责任协调机制可行性论证流程见图 5-9。

企业选用某铅再生工艺后，它的生产利润与相应的环境治理费用就不会变化，当引入足够的技术升级补贴后，图 5-9 即可成立。在此情境下，Ⅰ类企业将具备显著的经济优势，或至少在与Ⅱ类企业的竞争中不处于显著的劣势。本书对铅酸蓄电池回收对居民的主观效用进行分析后，判断当前是否具备产业技术整体升级以及产业环境责任协调机制实施的可行性。

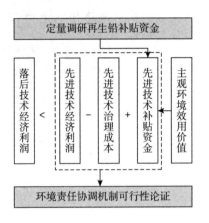

图 5 – 9　我国再生铅产业环境责任
协调机制可行性论证流程

　　我国目前的状况是正规的再生铅企业主要使用工艺 B 转炉，它的利润为 3737 元/吨，它们接受法律的监管，缴纳环境治理费用，减去治理成本后的利润为 2770 元/吨；而大部分非法再生铅作坊在使用工艺 A 反射炉，它们逃避法律监管，工艺 A 的利润达到 4365 元/吨，不承担环保治理费用（见图 5 – 10）。

　　原先只有采用工艺 B 的企业承担环境治理费用，在加上补贴后，即得到 1800 元/吨的补贴后，其利润将达到 4570 元/吨，这超过工艺 A 的利润，这样工艺 B 在市场中具备竞争性。先进的工艺 B 具备竞争性后，I 类企业将具有市场条件，工艺 B 的应用比例将逐步提高，随后污染排放量也将大幅降低，我国整体与各区域的铅污染程度也会降低。

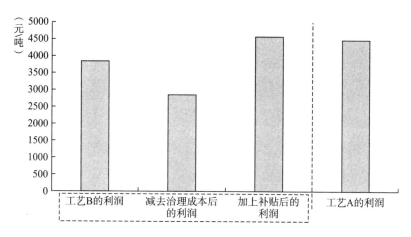

图 5－10　再生铅产业技术升级可行性对比

三　构建再生资源跨区域流动生态补偿机制

前文已经计算了各种工艺相应的单位再生铅污染排放量，结合废铅在各省份之间的转移量，可以对各类工艺造成的环境影响进行分析，从而判断各省份的环境责任。

（一）再生资源跨区域转移的污染量测算

在一些经济欠发达省份，再生铅企业由于缺少投资且技术水平不高，往往使用较落后的工艺开展回收工作，例如使用反射炉。这类工艺的环境危害较大，这是因为其回收率低，能耗高，且污染物排放量高。表 5－7 中的落后工艺（反射炉）的废铅回收率仅为 95%，且无法回收废铅酸蓄电池中的硫。回收过程中，再生铅企业会排放大量的铅烟、铅尘、铅渣、二氧化碳、二氧化硫，这些污染物对周边居民的健康造成了严重危害，但不会直接影响到其他省份的环境。

表 5 – 7　不同铅再生工艺回收率与污染物排放量对比

种类	单位	落后工艺（反射炉）	先进工艺（转炉）
废铅酸蓄电池中铅元素	kg	1000	1000
废铅回收率	%	95	98
硫回收率	%	0	95
铅尘	kg	83.5	14.5
CO_2	kg	499	393
SO_2	kg	106	5.3

国外发达国家目前使用的铅再生工艺比较先进，主要为将铅膏脱硫后用转炉回收，相对而言，对环境的影响较小，能耗和排放量低。通过使用该工艺，废铅回收率为98%，硫可以被回收后制成硫酸钠。但是由于前期投资与运行成本较高，在中国仅有少量大型再生铅企业采用此工艺。

本书假设了两种技术场景，场景A为落后工艺，场景B为先进工艺。废铅酸蓄电池在回收中可能排放多种污染物，例如铅烟、铅尘、二氧化硫、氮氧化物、铅渣等，它们都会对环境与居民健康造成潜在威胁。本书主要考虑三类重要污染物。

先进工艺相对于落后工艺而言，单位铅的排放减少了83%，二氧化碳排放量减少了21%，二氧化硫排放量减少了95%。两种情景下主要污染物排放对比如图5 – 11所示。从图5 – 11中可以看出，通过回收工艺的升级，可以分别将铅、二氧化碳、二氧化硫的排放量由8.1万吨、48.2万吨与10.2万吨降至1.4万吨、38万吨与0.5万吨，铅和二氧化硫的排放量大幅降低，但二氧化碳只有少量的减少。

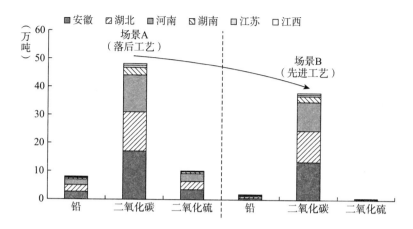

图5-11 两种场景下主要污染物排放对比

我国主要废铅回收省份不同技术场景铅尘排放量对比见图5-12。在场景A中，6个省份使用落后工艺仅回收自身产生的废铅酸蓄电池，排放大量铅尘；在场景B中，6个省份使用先进工艺回收自身与外部流入的铅酸蓄电池，排放铅尘。从图5-12中可以看出，在使用落后工艺回收处理废铅时，河南省和江苏省的铅尘排放量都很高。而对于废铅流入率较高的安徽省与湖北省，在使用落后工艺处理废铅时，铅尘排放量不高。

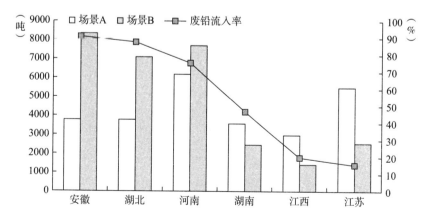

**图5-12 我国主要废铅回收省份不同
技术场景铅尘排放量对比**

（二）再生资源跨区域流动生态补偿标准的制定依据

通过结合我国各省份废铅酸蓄电池的产生量与废铅回收量数据，本书形成了废铅跨省份转移量的追踪计算方法。MDMF 可以计算我国国内废铅跨区域转移量，并将每个省份之间的流出量与流入量可视化显示。本书按照典型铅再生工艺场景，对区域废铅转移带来的污染排放量进行推算后发现以下内容。①假如某省份使用落后工艺，即使只回收自身产生的废铅酸蓄电池，它的污染排放量也会非常高。假如某省份使用先进工艺，即使回收一部分省外的废铅酸蓄电池，其总的污染排放量可能比原先还要低。这表明，如果正规再生铅企业收到补贴来升级技术，即使处理了适量外部流入的废铅酸蓄电池，其整体的环境质量也会得到改善。②如果外部省份流入本省份的废铅量过高，例如为本省份产生量的一倍以上，则总的污染物排放量将比技术升级前更高，废铅流出省份应当承担环境责任并对最终的废铅处置省份进行生态补偿。

从我国国内废铅酸蓄电池跨区域转移量可以看出，我国各省份废铅产生量与回收量存在严重的地域不平衡状态。首先，由于没有严格的法规与监管，大量的废铅酸蓄电池通过市场行为，被企业运输到偏远地区的再生铅工厂。废铅酸蓄电池在长途运输过程中，对周边居民存在潜在的环境风险。例如，废铅酸蓄电池中存在含铅废硫酸，在长途运输过程中，如果其发生泄漏，就会对沿途居民的生活环境造成危害。其次，如果大量的废铅酸蓄电池同时在某个省份的一个再生铅企业，那么大量的污染物可能会造成严重的环境压力，超过当地的环境承载能力。因此，应当对各个省份的再生铅产能进行合理的规划布局。

四 促进我国再生资源产业绿色发展的建议

前文的绿色技术评价方法、铅循环周期环境责任协调机制与废铅跨区域流动生态补偿机制共同构成了我国再生铅产业绿色发展模式。该模式涉及的主体包括再生铅回收企业、铅酸蓄电池生产商与消费者、废铅转出与转入省份等。政府主管部门的监督管理工作，应重点考虑以下几点。

（一）建立再生资源企业绿色工艺择选的标准

技术的经济评估需要考虑环境治理成本。工艺 A 反射炉作为目前污染最严重的回收工艺，仍旧是中国非法废铅酸蓄电池回收工厂主要使用的工艺。它的经济利润与别的回收工艺相似，这基于我们只考虑了原材料、产品与副产品的市场价格，并没有考虑污染物排放情况与相应的环保成本。一些必要的污染治理成本，例如除尘设施、脱硫设施的运行成本并没有被考虑在内。在考虑污染治理费用后，这些创新回收工艺将具备显著的经济优势。因此，我们需要研究与所有再生铅工艺相关的污染治理成本，然后将其引入技术经济性分析中。通过这种方式，最终的绿色经济利润将能够体现环境友好型的经济利润，这可以被称为绿色环保的技术经济性分析，以指导我们今后的回收工艺选择。

技术的环境评估需要考虑现场检测不到的间接环境影响。节约资源与保护环境是当下中国的两大议题，虽然再生铅企业可以减少原生铅矿资源的消耗，但是它们排放的有害污染物也对环境造成了严重危害。再生铅造成的直接环境影响的主要来源是火法熔炼炉在工厂现场排放的二氧化硫与铅烟等污染物。反射炉排放了大量的二氧化硫，其在此方面对环境的影响尤为显著。政府环保部门已经做了大量的环境监管工作，来控制企业对直接污染物的排放。两种创新再生铅工艺现场的直接污染物排放量相对较少，主要是由于它们的铅回收率高，且大部分使用常温浸出工艺。然而，不同再生铅工艺的间接环境影响是不容忽视的。例如，工艺 D 的间接环境影响非常显著，这主要是由于中国在柠檬酸生产过程中消耗了大量的资源与能源。因此，在今后制定废铅酸蓄电池回收技术指导目录时，针对湿法回收技术，我们必须重新并审视其使用的浸出化学品，以评估其直接与间接环境影响。

经济发展不同阶段的最佳适用性技术存在差异。中国 2013 年的再生铅产量占铅总产量的 34%，这个比例比大部分发达国家目前的比例要低很多，例如美国目前已经达到 100%。由于中国目前处于经济快速发展阶段，每年产生的可回收废铅量远少于整体的铅资源需求量，因此，原生铅与再生铅在短期的未来都不可或缺。工艺 C 富氧底吹炉在冶炼原生铅的同时回收废铅酸蓄电池，在 AP、EP、PED、GWP 四项环境影响指标上都优于其他回收工艺。工艺 B 不仅绿色经济利润与工艺 C 基本一致，而且可以独立地进行再生铅的回收，所以本书认为工艺 B 是现阶段我国的最佳工艺，同时可以在部分原生铅企业适度进行工艺 C 的推广，以满足资源消费需求与环境保护需求。然而，未来，当再生铅比例逐年提高后，我们应当逐步减少对工艺 C 的应用。工艺 E 在 HTC 环境影响指标方面的表现最佳，对居民环境影响最小，且间接环境影响也很小，因此，在远期的未来，如果经过验证其运行性能稳定，则我们可以考虑将其作为环境友好型回收工艺升级方案之一。

政府主管部门在制定产业技术政策时，应重点关注工艺的物质流分析。近年来政府的再生铅主管部门出台了大量的法规、技术标准、政策、规范等文件，例如《HJ 510－2009 清洁生产标准 废铅酸蓄电池铅回收业》、《再生铅行业清洁生产评价指标体系》、《HJ 519－2009 废铅酸蓄电池处理污染控制技术规范》以及《铅蓄电池生产及再生污染防治技术政策》等。在再生铅先进技术指导推荐方面，文件对多个指标进行了详细的规定，例如要求熔炼后铅渣含铅率应低于某一比例，烟囱尾气中铅含量应低于某一浓度等。部分企业可能会通过增加铅渣总量，以降低指标值来达到要求。因此，我们应当重点对再生铅企业中工艺整体的物质流进行分析，通过整体的物料平衡，全面地考虑各类污染物的排放情况。

政府在制定产业技术指导文件时，应考虑文件对各类技术的适用性。前文中提到了政府出台的相关文件，它们对现有的三种火法冶金工艺（预脱硫回转短窑熔炼、富氧底吹－鼓风炉熔炼、反射炉）与现有的湿法冶金工艺（电解沉积工艺、电还原工艺）分别制定环保规范，对这些现存工艺的产品指标、资源能源利用率指标、污染物产生指标、废物回收利用指标、污染排放指标等进行了详细的规定。但是这些文件无法衡量、对比分析不同工艺之间的差异，也没有考虑如何对今后新研发的再生铅工艺做出规定。

随着我国再生铅产量与比重双双提升，今后再生铅创新工艺会不断出现。本书构建绿色技术评价方法，可以针对新研发的工艺，直接进行经济与环境方面的分析，对不同的再生铅工艺进行归一化的对比，为我国制定再生铅绿色技术推荐方案提供科学的依据。

（二）明确典型产品生产者与消费者的责任

再生铅产业目前表现最突出的就是环境污染问题，本书认为其背后的原因为：大量游离于法律监管以外的小型私人回收厂，由于没有对环保设备的投资与运行成本，在原料回收过程中拥有成本优势，通过抬高废电池回收价格来争取原料，而正规合法企业无法收集到足够的原料，这不仅造成了大量的污染物排放，而且严重地挤压了正规合法回收企业的生存空间。因此，我们需要考虑针对铅酸蓄电池的回收，制定相关的管理条例，通过对再生铅产业链中利益相关者的环境责任进行协调，改善目前的不良局面。

我国废铅酸蓄电池回收处置管理条例制定工作进展缓慢。例如2009年国家发布了《废弃电器电子产品回收处理管理条例》，并于2019年进行修订，其中提到要建立废弃电器电子产品处理基金，以用于为废弃电器电子产品回收处理提供补贴。电器电子产品制造者、进口产品的收货人应当按照规定履行处理基金的缴纳义务。但在《废弃电器电子产品处理目录（第一批）》中，铅酸蓄电池不在其列。此后，为继续贯彻落实《废弃电器电子产品回收处理管理条例》，2014年1月，国家发展改革委环资司委托有关单位研究提出《废弃电器电子产品处理目录调整重点（征求意见稿）》，并向全社会公开征求意见，将铅酸蓄电池加入其中（见表5-8）。尽管国家发展改革委、环境保护部、工业和信息化部、财政部、海关总署、国家税务总局征求社会多方意见，但最终仍旧没有将铅酸蓄电池正式列入其中。2015年国务院批准、正式公布的《废弃电器电子产品处理目录（2014年版）》中，只是将5种扩大到14种。本书认为，将铅酸蓄电池列入废弃电器电子产品处理目录十分必要。关于补贴标准的制定是关键问题，应当综合考虑企业的生产、环保成本以及铅酸蓄电池相关利益方的意愿，从而探讨具体的补贴标准。

国家对再生铅企业税收补贴缺乏科学的资金标准。为了从财政方面为正规合法再生铅企业提供帮助，国家相关部门针对正规合法企业制定了相应的税收优惠政策，例如，2011年11月，财政部和国家税务总局颁布的《关于调整完善资源综合利用产品及劳务增值税政策的通知》中，对以废旧电池为原料生产的铅实行增值税即征即退50%的政策，但许多大型正规再生铅企业仍然处于亏损状态。政府税收部门没有做出相应的调整，反而从2015年7月1日起，把再生铅产业增值税退税税率从原先的50%下调至30%。这项新政落实后，正规合法的再生铅企业实际整体的税率又增长了将近3个百分点，加上较高的环境保护成本，再生铅单位生产成本提高了400元。与非法的地下再生铅作坊相比，其经济劣势更加突出，抑制了再生铅产业的规范发展。以上退税税率是针对资源综合利用整个行业而言的，并未对再生铅产业进行专门的探讨。因此，我们认为政府主管部门应重新思考并探索科学合理的补贴额度。

表5-8 废弃电器电子产品处理目录调整重点

序号	大类	产品名称
1	含有受控气体产品	电冰箱、房间空调器、家用电热水器、电冷热饮水机
2	含显示屏的产品	电视机、监视器、显示器
3	电光源	荧光灯
4	电池	铅酸蓄电池、锂离子电池
5	通信产品	微型计算机、打印机、打印机耗材、复印机、复印机耗材、扫描仪、移动通信手持机、电话单机、传真机
6	其他	洗衣机、电风扇、吸排油烟机、电饭锅、电压力锅、微波炉、豆浆机、榨汁机、家用燃气热水器

国家对废铅酸蓄电池的管理日益重视。2016年12月25日，《国务院办公厅关于印发生产者责任延伸制度推行方案的通知》公布，计

划通过构建典型产品的生产者责任延伸制度框架，来逐渐使相关责任者承担相应的资源环境责任，提高典型产品报废后的资源环境效益。对于产品在报废后难以被规范回收的问题，我国管理部门从顶层设计入手，制定回收利用管理方案，落实产品生产者、销售者、消费者、回收者、再生利用者、管理者等各环节参与者明确具体的权利和义务。铅酸蓄电池被作为典型产品纳入首批范畴，政府支持对铅酸蓄电池实施"以旧换新"的管理办法来提高回收率，并首先在上海市建设铅酸蓄电池回收管理示范体系，选用销一收一的模式回收废铅酸蓄电池，以规范收集环节。对于再生铅产业，通过建立基于铅循环周期的环境责任协调机制，实现产业技术优化与转型升级，筛选出应用典型绿色回收技术的企业，探索构建适应市场的绿色回收链推行模式。从电池报废后的生命周期流程角度出发，对回收链条涉及的主要责任者进行管理，最终实现我国再生铅产业的绿色发展。

环境责任协调基金的征收与发放方案。为了让铅酸蓄电池利益相关者（生产商或用户）承担相应的环境责任，本书建议设置一个专项基金：居民在购买铅酸蓄电池的时候，向本地政府缴纳一定费用；这部分资金进入我国再生铅环境责任协调基金池，并被统一管理；在铅酸蓄电池结束使用寿命报废后，正规合法的再生铅企业在对废铅酸蓄电池进行清洁回收处置后，专项基金的管理部门对这些正规的废铅酸蓄电池回收企业进行补贴。环境责任协调基金补贴的重要前提为，这些正规合法的再生铅企业必须通过严格的技术审查与现场环境影响评价审核，并且具备危废处置合法资质。缴纳费用额度的确定，可以借助对公众参与回收的支付意愿的调研。同时在日常生活中，政府管理部门应加强对居民环保概念的普及，提升他们参与回收工作的积极性，以及提升他们愿意为回收工作承担的费用额度。

（三）探索再生资源转出与转入省份间的环境责任

在过去，经济发达省份把废铅酸蓄电池作为工业原料，卖给再生铅企业。废铅酸蓄电池的价格主要由其中的铅与其他塑料等资源的经济价值确定，而其中涉及的污染防治与环境保护成本却被忽略了。本书认为，今后，经济发达省份应当承担由此产生的环境责任，提供资金，进行生态补偿，帮助经济欠发达地区升级再生铅工艺，安装环境保护设施，以降低由于其转移废铅酸蓄电池而造成的间接危害。我国已出台一些法规文件，如《生产者责任延伸制度推行方案》，其指出，将引导铅酸蓄电池制造行业构建电池产品全生命周期的追溯系统，应用制造企业自身回收、企业间联合回收或委托第三方回收模式，通过电池制造企业自身销售渠道或者专业再生铅企业在电池用户末端建立网络回收废铅酸蓄电池，鼓励用以旧换新等方式提升废铅酸蓄电池收集水平。探索完善生产企业集中收集和跨区域转运方式，确保能够准确把握废铅酸蓄电池在各区域之间的转运量。

为了让各省份承担跨区域的环境责任，本书建议建立跨区域生态补偿机制，设立一个跨区域生态补偿基金。针对废铅酸蓄电池等危险废物的转移处置，使用科斯手段，开展跨区域补偿机制的设计，探索开展废铅酸蓄电池行业跨区域的排污权交易。根据各省份废铅产生后最终的流向，对回收废铅酸蓄电池的外部省份进行环境生态补偿。我们从铅酸蓄电池的流出省份征集资金，以用于给正规再生铅企业所在的省份提供资金补助。之前的调研结果已经表明，大部分居民同意补贴本省份以外周边省份的再生铅企业，表明这种跨省份的合作模式存在可行性。专项基金补贴的前提为，这些正规的再生铅企业必须通过环境影响评价审核，并且已经具备危废处置合法资质。这种模式需要国家层面进行布局设计，从而使各个省份能够开展回收方面的合作。同时，需要加强对铅酸蓄电池报废后流向的监督管理，强化危险废物跨省份转移工作。

五　本章小结

首先，本章在构建资源再生绿色技术评价方法后，尝试选用宏观统计数据中的单位环境治理费用，将五种工艺排放的污染物转化为相应的治理成本。然后结合五种工艺的经济利润，得出五种工艺的绿色经济利润。发现工艺 A 的绿色利润为负值，工艺 B 与工艺 C 相应的治理成本较低，绿色利润具有较大优势。创新工艺 D 绿色利润较少，工艺 E 与传统工艺相比具备竞争优势。利用第三章中的结论与本章的调研结果，对再生铅产业环境责任协调机制运行的可行性进行论证。通过对各类典型铅再生工艺的分析，本书选取绿色利润较高且适用于现阶段的工艺 B 作为重点推荐工艺。但由于其经济利润与落后的工艺 A 相比不具备优势，故应当向生产者或使用者征收技术升级费用，用以支持工艺 B 在市场运行中取得经济优势。

其次，本章根据再生资源企业的外部性，将再生铅产业链中上游的利益相关者纳入整个体系中，对再生铅产业环境责任协调机制进行设计，提出向上游废铅酸蓄电池产生方征收环境治理费用，以成立再生铅产业环境责任协调基金，支持利用先进技术的再生铅企业发展。本章讨论了再生铅补贴金额标准制定的依据，应当选取科学合理的参照值进行对比，分别讨论原生铅流程、废物处置流程、环保法规要求等，提出在分析回收工艺差别时，应从公众环境效用出发。调研公众的支付意愿时涉及定量调研再生铅补贴额度。通过调研社会公众对回收废铅酸蓄电池的主观支付愿意，测算现阶段公众愿意为再生铅回收承担的费用。本章探讨在补贴状态下，先进技术具有的经济优势，从而判断再生铅产业技术升级的可行性。

再次，结合前面章节对铅再生工艺单位污染量的研究数据，分析各省份之间由于对废铅酸蓄电池处置而带来的污染物转移以及环境责任。从研究结果中可以看出，虽然在技术升级后，整体的污染物排放量有所减少，但由于外部省份废铅大量流入某省份后，仍会对该省份的环境造成冲击，因此，应当构建相关制度，使用科斯手段，探索开展废铅酸蓄电池行业跨区域排污权交易，进行跨区域补偿机制设计，使各省份承担相应的环保责任。

最后，分别对再生铅回收企业工艺择选标准、铅酸蓄电池生产商与消费者的环境责任、废铅转出与转入省份间的环境责任提出相应的建议。

第六章　再生资源产业绿色发展的建议

在我国经济社会绿色发展的战略背景下，本书分析了典型再生资源循环利用产业的发展态势，根据目前再生资源产业存在的多种问题，指出了本书的必要性与紧迫性。本书在国内外研究现状的基础上，对经济与环境双重视角下我国再生资源产业绿色发展情况进行研究。

第一，探讨环境外部性理论，从三个层面对我国再生铅产业特性进行分析。首先，对于再生铅企业，分析传统环境监管模式下再生铅产业发展的特征，指出由于监管存在漏洞，再生铅产业面临环境问题，进而剖析了再生铅企业"工艺逆选择"的原因。其次，针对再生铅产业作为危险废物回收产业的环保属性，分析了废铅酸蓄电池回收同时具备的负外部性与正外部性。将视角延伸到再生铅产业链中的利益相关者，分析利益相关者对再生铅企业环境负外部性的影响，以及废铅回收对公众的影响，指出应当建立新的再生铅运行机制，将再生铅企业带来的正外部性内部化。最后，剖析废铅跨省份转移现象背后公众与管理部门的利益出发点，指出废铅在跨区域回收处置方面存在的冲突，即电池回收在减少对某省份污染的同时，给其他省份带来污染。

第二，评选出我国现阶段经济最佳与环境影响最小的工艺，选取工艺 B 为目前的最佳技术方案，其可以作为产业技术升级的重点推荐对象，以为后续定量研究再生铅环境责任协调基金提供依据。考虑到工艺 C 虽然在经济性与环保性方面与工艺 B 基本一致，但由于其运行需要结合原生铅矿，可以作为我国现阶段并存的铅再生工艺。而创新工艺 E 对环境影响最小，在其实现工厂的规模化生产且验证能够稳定运行后，可以作为今后推荐的工艺。

第三，模拟计算出各省份之间存在显著的废铅跨区域转移量。2013 年全国总的废铅跨省份转移量为 99.6 万吨，约占全国废铅总产生量的 63%。17 个省份需要将部分或全部废铅酸蓄电池转运至周边省份进行处置。广东省、山东省和河北省的废铅流出量分别为 16.07 万吨、14.72 万吨和 10.57 万吨；安徽省、湖北省和河南省的废铅流入量分别为 34.31 万吨、28.02 万吨和 26.10 万吨。

第四，本书通过综合分析我国典型铅再生工艺的技术经济与环境影响，探讨基于铅循环周期的环境责任协调机制以及基于废铅区域转移的生态补偿机制，分别阐释了我国再生铅产业绿色发展过程中需要的绿色技术与绿色机制，从经济与环境双重视角，为我国再生铅产业绿色发展提供了思路。

本书的研究创新点有四个，具体如下。

（1）基于再生资源工艺的经济和环境影响评价及耦合，构建绿色再生资源工艺的评价方法。在对我国再生铅产业现状与问题进行分析后，本书从经济利润与环境影响两个角度进行评价，系统地分析了铅资源回收逆向生产环节的环境经济特征。在实证论证中：①针对我国五种典型的铅再生工艺，进行经济分析与环境影响评价；②将国家宏观层面单位污染物治理成本作为再生铅行业各类污染物环境治理成本的核算依据，把其应用于研究铅再生工艺的环境影响中；③基于经济评价与环境影响评价，建立废铅酸蓄电池回收工艺的经济与环境影响评价模型，最终计算对比五种工艺的绿色利润，对五种工艺的优劣进行排序。

（2）基于对资源循环周期经济和环境双重特性的分析，构建资源循环链条利益相关者环境责任协调机制。将正外部性与负外部性引入再生铅产业研究中，考虑到我国环保部门现阶段的监管存在漏洞，应将监管转变为产业经济政策引导。首先，本书提出通过建立再生铅产业环境责任协调基金，强化铅酸蓄电池用户的环保责任，以弥补使用正规先进技术的企业在市场竞争中，在经济性方面与使用非法落后技术的企业存在的差距；其次，通过对公众支付意愿的调研，核算公众当前愿意为每吨再生铅支付的补贴金额，并据此判断目前正规企业应获得的补助。本书在对再生铅产业环境责任协调模型中各要素进行定量分析后，判断相关可行性，以及影响可行性的因素。

（3）基于对再生资源跨区域流动轨迹及其外部性的差异分析，本书构建了区域间生态补偿机制。以往由于监管不严，废铅酸蓄电池跨省份转运期间没有严格遵守危险废物转移制度，造成废铅跨省份转移量数据缺失。本书在运用最小距离最大流模型对我国部分地区的废铅流向与流量进行分析后，指出大量铅产品在被发达地区消费并报废后，流向了经济落后地区并被处置，这些地区由于没有足够的环保投入，在回收处置环节排放了大量污染物，对环境造成严重危害。因此，本书提出再生资源跨境处置中异地政府的环境责任。然后根据前文研究的评价方法，对这些环境责任进行定量化评价，这为后续开展相关跨境协作处置方案的研究提供数据支撑。

（4）结合绿色再生资源技术、资源循环周期环境责任协调机制、再生资源跨区域生态补偿机制，提出我国再生资源产业绿色发展模式设想。首先，通过对比分析我国典型铅再生工艺的绿色利润，评选出应当推广的绿色铅再生工艺；其次，探索铅循环周期中利益相关者的环境责任，通过补贴手段将再生铅企业的正外部性内部化；最后，通过测算跨区域转移的间接污染量，来设计再生铅跨区域补偿机制。

关于对下一步研究的展望。本书计划将评价模型覆盖废铅酸蓄电池全部物料的研究中。在废铅酸蓄电池中，不仅包含铅膏，还有铅栅、塑料（PP、ABS等）、废硫酸等，由于研究过程中数据获取的限制，本书仅考虑了最主要的铅膏环节，在今后的研究中，应进一步完善工艺消耗与排放数据，从而获取整个废铅酸蓄电池回收过程中的经济成本与环境影响数据，以为后续开展相关工作提供更完善的数据支撑，应将此方法推广至对其他再生资源回收的分析中。本书虽然主要围绕再生铅进行研究，但再生资源领域的其他品种也具有研究的必要性，例如在对新能源汽车使用的锂电池等进行研究中，可能会发现这些资源在再生过程中，需要投入的经济成本高于回收所获得的经济效益，同时其回收过程对环境的影响情况目前还不清楚。因此，应当对其进行相应的定量评价，并重新审视这些行业。

参考文献

[1] 蔡敦权：《2012 电动自行车产业：需求回落、增长放缓》，《中国自行车》2012 年第 12 期。

[2] 曹国庆、邹亚美、张建鹏、王羽：《铅酸电池行业废水"零排放"可行性调查》，《电池》2014 年第 2 期。

[3] 陈曦：《国外再生铅新技术研究》，《资源再生》2009 年第 1 期。

[4] 陈媛：《上市公司财务评价中结构方程模型应用研究》，《财会通信》2009 年第 29 期。

[5] 丁亮：《论电动自行车在我国城市交通工具中的地位》，《科技经济市场》2012 年第 11 期。

[6] 董李：《铅酸蓄电池发展现状及未来趋势》，中国铅酸蓄电池国际论坛，天津，2013。

[7] 都凤仁、操基玉：《再生铅冶炼地区环境铅污染及儿童血铅水平调查》，《中国学校卫生》2009 年第 2 期。

[8] 杜新玲：《河南豫光金铅富氧底吹处理废铅酸蓄电池生产实践》，《有色金属工程》2013 年第 5 期。

[9] 高鸿业主编《西方经济学（微观部分）（第 5 版）》，中国人民大

学出版社，2011。

[10] 顾雪松：《基于熵权 TOPSIS 的上市公司财务评价模型及石化行业的实证》，《价值工程》2009 年第 8 期。

[11]《关于发布〈再生铅冶炼污染防治可行技术指南〉的公告》，环境保护部，2015。

[12]《关于规范铅锌行业投资行为加快结构调整指导意见的通知》（发改运行〔2006〕1898 号），国家发展改革委、财政部、国土资源部、商务部、中国人民银行、海关总署、国家税务总局、国家环保总局、国家安全监管总局，2006。

[13] 郭涛、祝爱民、于丽娟、陈炜：《高等学校财务综合评价研究》，《沈阳工业大学学报》2007 年第 4 期。

[14] 郭学益、田庆华编著《有色金属资源循环理论与方法》，中南大学出版社，2007。

[15] 过孝民、王金南、於方、蒋洪强：《生态环境损失计量的问题与前景》，《环境经济》2004 年第 8 期。

[16] 侯杰泰、温忠麟、成子娟：《结构方程模型及其应用》，教育科学出版社，2004。

[17] 胡鞍钢、周绍杰：《绿色发展：功能界定、机制分析与发展战略》，《中国人口·资源与环境》2014 年第 1 期。

[18] 胡兰玲：《生产者责任延伸制度研究》，《天津师范大学学报》（社会科学版）2012 年第 4 期。

[19] 胡永达：《再生铅涅磐转绿色》，《中国金属通报》2013 年第 39 期。

[20] 霍艳丽、刘彤：《生态经济建设：我国实现绿色发展的路径选择》，《企业经济》2011 年第 10 期。

[21] 《建设项目经济评价方法与参数（第三版）》，国家发展改革委、建设部发布，中国计划出版社，2006。

[22] Juan Felipe Cerdas Marín：《基于 LCA 的废铅酸蓄电池湿法和火法回收工艺环境影响比较研究》，华中科技大学硕士学位论文，2013。

[23] 靖丽丽：《国内外废铅酸蓄电池回收利用技术与污染防治》，《蓄电池》2012 年第 1 期。

[24] 鞠美庭、盛连喜主编《产业生态学》，高等教育出版社，2008。

[25] 黎建新、王璐：《促进消费者环境责任行为的理论与策略分析》，《求索》2011 年第 10 期。

[26] 李建林：《大规模储能技术对风电规模化发展举足轻重》，《变频器世界》2010 年第 6 期。

[27] 李军军、周利梅：《回归分析在竞争力评价指标权重设定中的应用》，《福建行政学院学报》2011 年第 6 期。

[28] 厉以宁、章铮：《环境经济学》，中国计划出版社，1995。

[29] 梁翠凤、张雷：《铅酸蓄电池的现状及其发展方向》，《广东化工》2006 年第 2 期。

[30] 梁赛、王亚菲、徐明、张天柱：《环境投入产出分析在产业生态学中的应用》，《生态学报》2016 年第 22 期。

[31] 刘传江、侯伟丽主编《环境经济学》，武汉大学出版社，2006。

[32] 刘婷婷、吴玉锋、谢海燕：《"城市矿产"利益相关者探析》，《生态经济》2015 年第 11 期。

[33] 刘学敏、张晨阳：《中国"城市矿产"开发潜力研究——以报废汽车、家电、电子产品为例》，《开发研究》2016 年第 4 期。

[34] 陆钟武：《工业生态学基础》，科学出版社，2009。

［35］ 马忻：《经济增长背景下的环境压力变化趋势研究》，《经济问题》2017 年第 3 期。

［36］ 马永刚：《春兴集团：构建循环经济新模式》，《中国有色金属》2012 年第 9 期。

［37］ 毛建素：《铅的工业代谢及其对国民经济的影响》，东北大学博士学位论文，2003。

［38］〔美〕罗伯特·S. 平狄克、丹尼尔·L. 鲁宾费尔德：《微观经济学（第八版）》，李彬、高远等译，中国人民大学出版社，2013。

［39］〔美〕汤姆·蒂坦伯格、琳恩·刘易斯：《环境与自然资源经济学（第八版）》，安树民改编，中国人民大学出版社，2012。

［40］ 聂祚仁、刘宇、孙博学、王志宏、左铁镛：《材料生命周期工程与材料生态设计的研究进展》，《中国材料进展》2016 年第 3 期。

［41］ 彭花、贺正楚、潘红玉：《城市矿产开发利用的政策创新》，《矿业研究与开发》2016 年第 8 期。

［42］ 彭涛：《2013 年中国铅锌工业现状和发展趋势》，《资源再生》2013 年第 11 期。

［43］ 彭武珍：《环境价值核算方法及应用研究——以浙江省为例》，浙江工商大学博士学位论文，2013。

［44］ 齐守智：《铅酸蓄电池应用前景初探》，《世界有色金属》2011 年第 10 期。

［45］《清洁生产标准　废铅酸蓄电池回收业（HJ 510 - 2009）》，中国环境科学出版社，2010。

［46］ 邱定蕃、徐传华编著《有色金属资源循环利用》，冶金工业出版社，2006。

[47] 曲华：《再生铅冶炼的人体健康风险评价——以一再生铅冶炼企业 10 万吨废旧铅酸蓄电池项目为例》，《环境科学与管理》2012年第 9 期。

[48] 尚辉良：《年中盘点中国再生铅产业》，《资源再生》2008 年第 8 期。

[49] 尚辉良：《推动再生铅产业健康发展需要解决的问题》，《有色金属再生与利用》2006 年第 4 期。

[50] 史爱萍：《四大问题阻碍再生铅发展》，《资源再生》2008 年第 8 期。

[51] 苏利阳、郑红霞、王毅：《中国省际工业绿色发展评估》，《中国人口·资源与环境》2013 年第 8 期。

[52] 孙绍锋、王兆龙、邓毅：《韩国生产者责任延伸制实施情况及对我国的启示》，《环境保护》2017 年第 1 期。

[53] 唐文彬、韩之俊：《基于熵值法的财务综合评价方法》，《南京理工大学学报》（自然科学版）2001 年第 6 期。

[54] 陶占良、陈军：《智能电网储能用二次电池体系》，《科学通报》2012 年第 27 期。

[55] 田西、吴玉锋、顾一帆、殷晓飞、李明博：《报废 CRT 中废铅回收的环境效益》，《环境科学研究》2015 年第 2 期。

[56] 田西、吴玉锋、刘婷婷、左铁镛：《京津冀城市圈生态一体化下的再生资源产业链协作模式初探——以再生铅为例》，《环境保护》2015 年第 2 期。

[57] 田西、吴玉锋、左铁镛：《我国再生铅产业发展态势与存在的问题》，《中国有色金属报》2014 年 9 月 13 日。

[58] 田亚峻、邓业林、张岳玲、谢克昌：《生命周期评价的发展新方

向：基于 GIS 的生命周期评价》，《化工学报》2016 年第 6 期。

[59] 万文玉：《再生铅冶炼过程铅物质流核算及污染负荷分析》，《有色金属》（冶炼部分）2014 年第 8 期。

[60] 王昶、徐尖、姚海琳：《城市矿产理论研究综述》，《资源科学》2014 年第 8 期。

[61] 王德明、顾剑、张广明、梅磊：《电能存储技术研究现状与发展趋势》，《化工自动化及仪表》2012 年第 7 期。

[62] 王东：《发展循环经济 防治重金属污染——访中国电子工程设计院循环经济技术研究所所长杨敬增》，《再生资源与循环经济》2012 年第 5 期。

[63] 王金良：《二次电池工业现状与动力电池的发展》，《新材料产业》2007 年第 2 期。

[64] 王金良、胡信国、孟良荣：《我国铅蓄电池产业现状与发展趋势（上）——铅蓄电池用于电动汽车的可行性分析》，《资源再生》2011 年第 11 期。

[65] 王金良、胡信国、孟良荣：《我国铅蓄电池产业现状与发展趋势（下）——铅蓄电池用于电动汽车的可行性分析》，《资源再生》2011 年第 12 期。

[66] 王金南、於方、曹东、赵越等：《中国环境经济核算研究报告 2005－2006》，中国环境科学出版社，2013。

[67] 王树人：《国内电动车行业现状剖析》，《电动自行车》2012 年第 1 期。

[68] 王雪：《层次分析法在绩效考评指标权重设定中的应用》，《中国科技信息》2005 年第 6 期。

[69] 王永琴、周叶、张荣：《碳排放影响因子与碳足迹文献综述：基

于研究方法视角》，《环境工程》2017 年第 1 期。

[70] 韦子超：《北京城市矿产产业发展模式与效益评价研究》，北京工业大学硕士学位论文，2012。

[71] 温芝元、曹乐平：《神经网络在项目财务评价上的应用》，《吉首大学学报》（自然科学版）2005 年第 3 期。

[72] 吴敏：《铅酸蓄电池业现状与发展趋势》，《电器工业》2007 年第 3 期。

[73] 肖雪葵：《美国再生铅产业发展研究》，《企业技术开发》2012 年第 12 期。

[74] 徐静：《企业环境责任对消费者购买行为影响的研究综述》，《商品与质量》2012 年第 S1 期。

[75] 徐娟、田义文：《循环经济视野下消费者环境责任初探》，《商业时代》2012 年第 22 期。

[76] 徐嵩龄：《中国环境破坏的经济损失研究：它的意义、方法、成果及研究建议（上）》，《中国软科学》1997 年第 11 期。

[77] 薛菲、袁汝华：《城市矿产环境效益分析》，《重庆理工大学学报》（自然科学）2014 年第 6 期。

[78] 雪晶、胡山鹰、杨倩：《中国废旧汽车再生资源潜力分析》，《中国人口·资源与环境》2013 年第 2 期。

[79] 杨春明、马永刚：《中国再生铅产业可持续发展的必然选择》，《有色金属再生与利用》2005 年第 3 期。

[80] 杨平、徐灵玲、杨明学、李林、万红：《隆昌县铅中毒儿童血铅水平检测结果分析》，《现代预防医学》2012 年第 3 期。

[81] 杨小明：《中国废铅酸蓄电池回收问题与对策研究》，北京，2014。

［82］ 叶峻、杜永吉：《从可持续发展战略到科学发展观》，《社会科学研究》2005 年第 2 期。

［83］ 伊晓波编著《铅酸蓄电池制造与过程控制》，机械工业出版社，2004。

［84］ 于思宇、张博：《再生铅的绿色梦》，《中国有色金属》2013 年第 14 期。

［85］ 于文良：《城市静脉产业发展模式及其资源效益和环境效益估算方法研究》，西北大学硕士学位论文，2009。

［86］ 於方、过孝民、张强：《中国有色金属工业废水污染特征分析》，《有色金属》2003 年第 3 期。

［87］ 喻文昊、张伟、李富元、王进、孙晓娟、胡雅君、梁莎、杨家宽：《铅酸电池企业含铅废料湿法再生新技术》，《化工进展》2014 年第 12 期。

［88］ 曾润、毛建素：《2005 年北京市铅的使用蓄积研究》，《环境科学与技术》2010 年第 8 期（a）。

［89］ 曾润、毛建素：《我国耗散型铅使用的变化及趋势分析》，《环境科学与技术》2010 年第 2 期（b）。

［90］ 占绍文、张海瑜：《城市垃圾分类回收的认知及支付意愿调查——以西安市为例》，《城市问题》2012 年第 4 期。

［91］ 张博：《聚焦再生铅》，《中国有色金属》2011 年第 19 期。

［92］ 张菲菲：《我国再生资源产业发展研究》，南开大学博士学位论文，2010。

［93］ 张琳：《中国再生铅产业格局生变》，《资源再生》2008 年第 2 期。

［94］ 张睿：《再生铅产业进入快车道》，《中国有色金属》2011 年第

11 期。

[95] 张睿：《再生铅产业进入快车道》，《中国有色金属》2011 年第 11 期。

[96] 张伟倩：《透视美国再生铅工业折射中国发展之路》，《中国金属通报》2012 年第 18 期。

[97] 张英琴、石琳：《公司财务信息对股票价格影响的研究》，《内蒙古科技大学学报》2008 年第 4 期。

[98] 张玉龙、李志峰、赵勋：《对 4G 移动通信技术应用与发展的展望》，《信息通信》2013 年第 1 期。

[99] 张元晓、李正仪：《陕西某铅锌厂周边地区 14 岁以下儿童血铅水平和铅中毒因素分析》，《陕西医学杂志》2010 年第 4 期。

[100] 张正洁、李佳玲、尚辉良：《我国废铅蓄电池收集管理最佳可行模式探讨》，《资源再生》2013 年第 2 期。

[101] 张志军：《抚顺市重点工业行业废气污染治理成本费用分析》，《辽宁城乡环境科技》2007 年第 2 期。

[102] 中国能源中长期发展战略研究项目组编《中国能源中长期（2030、2050）发展战略研究》，科学出版社，2011。

[103]《中国有色金属工业年鉴 2013》，中国有色金属工业协会，2014。

[104] 中华人民共和国国家统计局《中国统计年鉴 2013》，中国统计出版社，2014。

[105] 中华人民共和国国家统计局《中国统计年鉴 2014》，中国统计出版社，2015。

[106] 朱新锋、杨丹妮、胡红云、何雄、刘玲静、李磊、刘建文、杨家宽：《废铅酸蓄电池铅膏性质分析》，《环境工程学报》2012 年第 9 期。

［107］朱新锋、杨家宽、孙晓娟、张伟、胡雨辰、李磊、郭一飞、陈松涛：《铅膏在柠檬酸－柠檬酸钠体系中的浸出过程》，《过程工程学报》2013 年第 4 期。

［108］诸建平：《用废铅酸蓄电池生产再生铅的工艺工程设计》，《蓄电池》2011 年第 5 期。

［109］左铁镛：《我国城市矿产综合开发应用战略研究》，北京工业大学，2014。

［110］左铁镛等编著《循环型社会材料循环与环境影响评价》，科学出版社，2008。

［111］Ami Dominique，Aprahamian Frédéric，Chanel Olivier，Joulé Robert-Vincent，Luchini Stéphane，"Willingness to Pay of Committed Citizens：A Field Experiment," *Ecological Economics*，2014，105：31 – 39.

［112］Andreas P.，"A Comparative Overview of Large-scale Battery Systems for Electricity Storage," *Renewable and Sustainable Energy Reviews*，2013，27：778 – 788.

［113］Andrews D.，Raychaudhuri A.，Frias C.，"Environmentally Sound Technologies for Recycling Secondary Lead," *Journal of Power Sources*，2000，88：124.

［114］Araújo M. G.，Magrini A.，Mahler C. F.，Bilitewski B.，"A Model for Estimation of Potential Generation of Waste Electrical and Electronic Equipment in Brazil," *Waste Management*，2012.

［115］Ardi Romadhani，Leisten Rainer，"Assessing the Role of Informal Sector in WEEE Management Systems：A System Dynamics Approach," *Waste Management*，2015.

［116］ Arrow K. , Solow R. , Report of NOAA Panel on Contingent Valuation, Federal Register, 1993, 10: 4602 – 4614.

［117］ Belton Valerie, Goodwin Paul, "Remarks on the Application of the Analytic Hierarchy Process to Judgmental Forecasting," *International Journal of Forecasting*, 1996, 12 (1), 155 – 161.

［118］ Bernardes A. M. , Espinosa D. C. R. , Tenório J. A. S. , "Recycling of Batteries: A Review of Current Processes and Technologies," *Journal of Power Sources*, 2004, 130 (1 – 2): 291 – 298.

［119］ Bourson Jean-Louis, "Recycling of Lead/Acid Batteries in a Small Plant," *Journal of Power Sources*, 1995, 57 (1): 81 – 83.

［120］ Byrne Susan, O. Regan Bernadette, "Attitudes and Actions towards Recycling Behaviours in the Limerick, Ireland Region," *Resources, Conservation and Recycling*, 2014, 87: 89 – 96.

［121］ Cao Jian, Chen Yangyang, Shi Bin, Lu Bo, Zhang Xuemei, Ye Xuhong, Zhai Guangshu, Zhu Chenbo, Zhou Gengui, "WEEE Recycling in Zhejiang Province, China: Generation, Treatment, and Public Awareness," *Journal of Cleaner Production*, 2016, 127: 311 – 324.

［122］ Chang Yu, Mao Xianxian, Zhao Yanfang, Feng Shaoli, Chen Hongyu, Finlow David, "Lead-acid Battery Use in the Development of Renewable Energy Systems in China," *Journal of Power Sources*, 2009, 191 (1): 176 – 183.

［123］ Chen Laiguo, Xu Zhencheng, Liu Ming, Huang Yumei, Fan Ruifang, Su Yanhua, Hu Guocheng, Peng Xiaowu, Peng Xiaochun, "Lead Exposure Assessment from Study Near a Lead-acid Battery

Factory in China," *Science of the Total Environment*, 2012, 429: 191 – 198.

[124] Cherry Christopher R. , Gottesfeld Perry, "Plans to Distribute the Next Billion Computers by 2015 Creates Lead Pollution Risk," *Journal of Cleaner Production*, 2009, 17 (18): 1620 – 1628.

[125] Cherry Christopher R. , Weinert Jonathan X. , Xinmiao Yang, "Comparative Environmental Impacts of Electric Bikes in China," *Transportation Research Part D: Transport and Environment*, 2009, 14 (5): 281 – 290.

[126] Chi Xinwen, Wang Mark Y. L. , Reuter Markus A. , "E-waste Collection Channels and Household Recycling Behaviors in Taizhou of China," *Journal of Cleaner Production*, 2014.

[127] Craighill Amelia L. , Powell Jane C. , "Lifecycle Assessment and Economic Evaluation of Recycling: A Case Study," *Resources, Conservation and Recycling*, 1996, 17 (2): 75 – 96.

[128] Daniel Stavros E. , Pappis Costas P. , "Application of LCIA and Comparison of Different EOL Scenarios: The Case of Used Lead-acid Batteries," *Resources, Conservation and Recycling*, 2008, 52 (6): 883 – 895.

[129] Duygan Mert, Meylan Grégoire, "Strategic Management of WEEE in Switzerland—Combining Material Flow Analysis with Structural Analysis, Resources," *Conservation and Recycling*, 2015, 103: 98 – 109.

[130] Dwivedy Maheshwar, Mittal R. K. , "Willingness of Residents to Participate in E-waste Recycling in India," *Environmental Develop-*

ment, 2013, 6: 48 – 68.

[131] Foucault Yann, Durand Marie-José, Tack Karine, Schreck Eva, Geret Florence, Leveque Thibaut, Pradere Philippe, Goix Sylvaine, Dumat Camille, "Use of Ecotoxicity Test and Ecoscores to Improve the Management of Polluted Soils: Case of a Secondary Lead Smelter Plant," *Journal of Hazardous Materials*, 2013: 246 – 247, 291 – 299.

[132] Gabby, P. N., *Lead: US. Geological Survey Minerals Yearbook*, United States Geological Survey, 2005.

[133] Genaidy A. M., Sequeira R., Tolaymat T., Kohler J., Rinder M. "An Exploratory Study of Lead Recovery in Lead-Acid Battery Lifecycle in US Market: An Evidence-Based Approach," *Science of The the Total Environment*, 2008, 407 (1): 7 – 22.

[134] Goli P., Shireen W., "PV Powered Smart Charging Station for PHEVs," *Renewable Energy*, 2014, 66: 280 – 287.

[135] Gu Yifan, Wu Yufeng, Xu Ming, Mu Xianzhong, Zuo Tieyong, "Waste Electrical and Electronic Equipment (WEEE) Recycling for a Sustainable Resource Supply in the Electronics Industry in China," *Journal of Cleaner Production*, 2016, 127: 331 – 338.

[136] Gu Yifan, Wu Yufeng, Xu Ming, Wang Huaidong, Zuo Tieyong, "The Stability and Profitability of the Informal WEEE Collector in Developing Countries: A Case Study of China," *Resources, Conservation and Recycling*, 2016, 107: 18 – 26.

[137] Gu Yifan, Wu Yufeng, Xu Ming, Wang Huaidong, Zuo Tieyong, "The Stability and Profitability of the Informal WEEE Collector in

Developing Countries: A Case Study of China," *Resources, Conservation and Recycling*, 2016, 107: 18 –26.

[138] Guinee Jeroen B. , *Handbook on Life Cycle Assessment: Operational Guide to the ISO Standards* (Dordrecht, Kluwer Academic Publishers, 2002): 1359.

[139] Gupta Neeraj, Shekhar Rajiv, Kalra Prem K. , "Computationally Efficient Composite Transmission Expansion Planning: A Pareto Optimal Approach for Techno-economic Solution," *International Journal of Electrical Power & Energy Systems*, 2014, 63: 917 –926.

[140] Hirai Hiroshi, "L-extendable Functions and a Proximity Scaling Algorithm for Minimum Cost Multiflow Problem," *Discrete Optimization*, 2015, 18: 1 –37.

[141] Hou Ping, Wang Hongtao, Zhu Yongguang, Weng Duan, "Chinese Scarcity Factors of Resources/Energy and Their Application in Life Cycle Assessment," *Journal of Natural Resources*, 2012, 27 (9): 1572 –1579.

[142] Huijbregts M. A. , Struijs J. , Goedkoop M. , Heijungs R. , Jan Hendriks A. , van de Meent D. , "Human Population Intake Fractions and Environmental Fate Factors of Toxic Pollutants in Life Cycle Impact Assessment," *Chemosphere*, 2005, 61 (10): 1495 –1504.

[143] IKE, Chinese LCA Database, Software Development, and Application Research, http://goo. gl/jw8PcU, 2011.

[144] Jamerson F. E. , Benjamin E. Electric Bikes Worldwide Reports-20000000 Light Electric Vehicles, 2007.

[145] Keramitsoglou Kiriaki M. , Tsagarakis Konstantinos P. , "Public

Participation in Designing a Recycling Scheme towards Maximum Public Acceptance," *Resources, Conservation and Recycling*, 2013, 70: 55 – 67.

[146] Larsson Christofer, "Chapter 2-Networks and Flows," in *Design of Modern Communication Networks* (Oxford: Academic Press, 2014): 21 – 56.

[147] Lee Chia-ho, Chen Pi-cheng, Ma Hwong-wen, "Direct and Indirect Lead-containing Waste Discharge in the Electrical and Electronic Supply Chain," *Resources, Conservation and Recycling*, 2012, 68: 29 – 35.

[148] Leme Marcio Montagnana Vicente, Rocha Mateus Henrique, Lora Electo Eduardo Silva, Venturini Osvaldo José, Lopes Bruno Marciano, Ferreira Cláudio Homero, "Techno-economic Analysis and Environmental Impact Assessment of Energy Recovery from Municipal Solid Waste (MSW) in Brazil," *Resources, Conservation and Recycling*, 2014, 87: 8 – 20.

[149] Li B., Yang J., Lu B., Song X., "Estimation of Retired Mobile Phones Generation in China: A Comparative Study on Methodology," *Waste Management*, 2015, 35: 247 – 254.

[150] Li Jinhui, Lopez N., Brenda N., Liu Lili, Zhao Nana, Yu Keli, Zheng Lixia, "Regional or Global WEEE Recycling, Where to Go?" *Waste Management*, 2013, 33 (4): 923 – 934.

[151] Liu Wei, Chen Lujun, Tian Jinping, "Uncovering the Evolution of Lead in-Use Stocks in Lead-Acid Batteries and the Impact on Future Lead Metabolism in China," *Environmental Science & Technology*,

2016, 50 (10): 5412 – 5419.

[152] Lopez N. Brenda N. , Li Jinhui, Wilson Brian, "A Study of the Geographical Shifts in Global Lead Production-A Possible Corresponding Shift in Potential Threats to the Environment," *Journal of Cleaner Production*, 2015, 107: 237 – 251.

[153] Mahlia T. M. I. , Saktisahdan T. J. , Jannifar A. , Hasan M. H. , Matseelar H. S. C. , "A Review of Available Methods and Development on Energy Storage; Technology Update," *Renewable and Sustainable Energy Reviews*, 2014, 33: 532 – 545.

[154] Mao Jiansu, LU Zhongwu, Yang Zhifeng, "The Eco-efficiency of Lead in China's Lead-Acid Battery System," *Journal of Industrial Ecology*, 2006, 10 (1 – 2): 185 – 197.

[155] Mao J. S. , Cao J. , Graedel T. E. , "Losses to the Environment from the Multilevel Cycle of Anthropogenic Lead," *Environmental Pollution*, 2009, 157 (10): 2670 – 2677.

[156] Miller J. M. , Power Electronics in Hybrid Electric Vehicle Applications, Proceedings of the Applied Power Electronics Conference and Exposition, 2003.

[157] Neto João Cabral, Silva Maisa Mendonça, Santos Simone Machado, "A Time Series Model for Estimating the Generation of Lead Acid Battery Scrap," *Clean Technologies and Environmental Policy*, 2016.

[158] Niu Ruxuan, Wang Zhishi, Song Qingbin, Li Jinhui, "LCA of Scrap CRT Display at Various Scenarios of Treatment," *Procedia Environmental Sciences*, 2012, 16: 576 – 584.

[159] Oguchi Masahiro, Sakanakura Hirofumi, Terazono Atsushi, "Tox-

ic Metals in WEEE: Characterization and Substance Flow Analysis in Waste Treatment Processes," *Science of The Total Environment*, 2013, 463 – 464: 1124 – 1132.

[160] Olper I. M., Asano B., "Improved Technology in Secondary Lead Processing —ENGITEC Lead Acid Battery Recycling System," 1989: 119 – 132.

[161] Pan Junqing, Zhang Chao, Sun Yanzhi, Wang Zihao, Yang Yusheng, "A New Process of Lead Recovery from Waste Lead-acid Batteries by Electrolysis of Alkaline Lead Oxide Solution," *Electrochemistry Communications*, 2012, 19 (7): 70 – 72.

[162] Pan J., Sun Y., Li W., Knight J., Manthiram A., "A Green Lead Hydrometallurgical Process Based on a Hydrogen-lead Oxide Fuel Cell," *Nat Commun*, 2013, 4 (4): 2178.

[163] Pavlov D., "Development of Lead-acid Batteries in the First Decade of the New Millennium," *Chinese Journal of Power Sources*, 2001, 25 (1): 2 – 9.

[164] Quirijnen L., "How to Implement Efficient Local Lead-acid Battery Recycling," *Journal of Power Sources*, 1999, 78 (1): 267 – 269.

[165] Raghupathy Lakshmi, Chaturvedi Ashish, "Secondary Resources and Recycling in Developing Economies," *Science of the Total Environment*, 2013: 461 – 462, 830 – 834.

[166] Sancilio Cosmo, "COBAT: Collection and Recycling Spent Lead/Acid Batteries in Italy," *Journal of Power Sources*, 1995, 57 (1): 75 – 80.

[167] Sciarretta A., Guzzella L., "Control of Hybrid Electric Vehi-

cles," *Control System*, 2007, 27 (2): 60 - 70.

[168] Sequeira Reynold, "Sustainable Production Strategies for Environmentally Sensitive Industries [Dissertation]," University of Cincinnati, 2010.

[169] Sito E. Expo, Ia J. Gonza Lez-Garc, Bonete P., Montiel V., Aldaz A., "Lead Electrowinning in a Fluoborate Medium, Use of Hydrogen Diffusion Anodes," *Journal of Power Sources*, 2000, 87: 137.

[170] Smaniotto Alessandra, Antunes Angela, Filho Irajá Do Nascimento, Venquiaruto Luciana Dornelles, de Oliveira Débora, Mossi Altemir, Di Luccio Marco, Treichel Helen, Dallago Rogerio, "Qualitative Lead Extraction from Recycled Lead-Acid Batteries Slag," *Journal of Hazardous Materials*, 2009, 172 (2 - 3): 1677 - 1680.

[171] SMM, Spot Prices of Lead Industry in China, http://www. smm. cn/ metals/liyuan, 2015.

[172] Sohn H. Y., Olivas-Martinez M., *Treatise on Process Metallurgy* (Elsevier, 2014): 671 - 700.

[173] Song Qingbin, Li Jinhui, Liu Lili, Dong Qingyin, Yang Jie, Liang Yangyang, Zhang Chao, "Measuring the Generation and Management Status of Waste Office Equipment in China: A Case Study of Waste Printers," *Journal of Cleaner Production*, 2016, 112, Part 5: 4461 - 4468.

[174] Song Qingbin, Wang Zhishi, Li Jinhui, Duan Huabo, "Sustainability Evaluation of an E-waste Treatment Enterprise Based on Emergy Analysis in China," *Ecological Engineering*, 2012, 42:

223 – 231.

[175] Song Qingbin, Wang Zhishi, Li Jinhui, Zeng Xianlai, "Life Cycle Assessment of TV Sets in China: A Case Study of the Impacts of CRT Monitors," *Waste Management*, 2012, 32 (10): 1926 – 1936.

[176] Song Qingbin, Wang Zhishi, Li Jinhui, "Residents' Behaviors, Attitudes, and Willingness to Pay for Recycling E-waste in Macau," *Journal of Environmental Management*, 2012, 106: 8 – 16.

[177] Song Qingbin, Wang Zhishi, Li Jinhui, "Sustainability Evaluation of E-waste Treatment Based on Emergy Analysis and the LCA method: A Case Study of a Trial Project in Macau," *Ecological Indicators*, 2013, 30: 138 – 147.

[178] Sonmez M. S., Kumar R. V., "Leaching of Waste Battery Paste Components, Part 2: Leaching and Desulphurisation of $PbSO_4$ by Citric Acid and Sodium Citrate Solution," *Hydrometallurgy*, 2009, 95 (1 – 2): 82 – 86.

[179] Soo Vi Kie, Doolan Matthew, "Recycling Mobile Phone Impact on Life Cycle Assessment," *Procedia CIRP*, 2014, 15: 263 – 271.

[180] Stevenson M. W., Manders J. E., Eckfeld S. et al., "Impact of Modern Battery Design and the Implications for Primary and Secondary Lead Production," *Journal of Power Sources*, 2002, 107 (2): 146 – 154.

[181] Stevenson M., "RECYCLING | Lead-Acid Batteries: Overview," in Garche J., *Encyclopedia of Electrochemical Power Sources Amsterdam* (Elsevier, 2009): 165 – 178.

[182] Sun Mengying, Mao Jiansu, "Quantitative Analysis of the Anthropogenic Spatial Transfer of Lead in China," *Journal of Industrial Ecology*, 2017.

[183] Tan Q., Li J., "A Study of Waste Fluorescent Lamp Generation in Mainland China," *Journal of Cleaner Production*, 2014.

[184] Tian Xi, Gong Yu, Wu Yufeng, Agyeiwaa Amma, Zuo Tieyong, "Management of Used Lead Acid Battery in China: Secondary Lead Industry Progress, Policies and Problems," *Resources, Conservation and Recycling*, 2014, 93: 75 – 84.

[185] Tian Xi, Wu Yufeng, Gong Yu, Zuo Tieyong, "The Lead-acid Battery Industry in China: Outlook for Production and Recycling," *Waste Management & Research*, 2015, 33 (11): 986 – 994.

[186] Van den Bossche Peter, Vergels Frédéric, Van Mierlo Joeri, Matheys Julien, Van Autenboer Wout, "SUBAT: An Assessment of Sustainable Battery Technology," *Journal of Power Sources*, 2006, 162 (2): 913 – 919.

[187] Wang Zhaohua, Zhang Bin, Yin Jianhua, Zhang Xiang, "Willingness and Behavior towards E-waste Recycling for Residents in Beijing City, China," *Journal of Cleaner Production*, 2011, 19 (9 – 10): 977 – 984.

[188] Weinert Jonathan, Ogden Joan, Sperling Dan, Burke Andrew, "The Future of Electric Two-wheelers and Electric Vehicles in China," *Energy Policy*, 2008, 36 (7): 2544 – 2555.

[189] Wu Hua-qing, Shi Yan, Xia Qiong, Zhu Weidong, "Effectiveness of the Policy of Circular Economy in China: A DEA-based A-

nalysis for the Period of 11th Five-year-plan," *Resources, Conservation and Recycling*, 2014, 83: 163 – 175.

[190] Wu Y., Huang Q., Zhou X., Hu G., Wang Z., Li H., Bao R., Yan H., Li C., Wu L., He F., "Study on the Effects of Lead from Small Industry of Battery Recycling on Environment and Children's Health," Zhonghua Liu Xing Bing Xue Za Zhi, 2002, 23 (3): 167 – 171.

[191] Xu Qingbo, Yu Mengjing, Kendall Alissa, He Wenzhi, Li Guangming, Schoenung Julie M., "Environmental and Economic Evaluation of Cathode Ray Tube (CRT) Funnel Glass Waste Management Options in the United States," *Resources, Conservation and Recycling*, 2013, 78: 92 – 104.

[192] Yin Jianfeng, Gao Yingnan, Xu He, "Survey and Analysis of Consumers' Behaviour of Waste Mobile Phone Recycling in China," *Journal of Cleaner Production*, 2014, 65: 517 – 525.

[193] Ylä-Mella Jenni, Poikela Kari, Lehtinen Ulla, Keiski Riitta L., Pongrácz Eva, "Implementation of Waste Electrical and Electronic Equipment Directive in Finland: Evaluation of the Collection Network and Challenges of the Effective WEEE Management," *Resources, Conservation and Recycling*, 2014, 86: 38 – 46.

[194] Yue Ye, Wang Tao, Liang Sai, Yang Jie, Hou Ping, Qu Shen, Zhou Jun, Jia Xiaoping, Wang Hongtao, Xu Ming, "Life Cycle Assessment of High Speed Rail in China," *Transportation Research Part D: Transport and Environment*, 2015, 41: 367 – 376.

[195] Zabaniotou A., Kouskoumvekaki E., Sanopoulos D., "Recycling

of Spent Lead/Acid Batteries: The Case of Greece," *Resources*, *Conservation and Recycling*, 1999, 25 (3): 301 – 317.

[196] Zeng Xianlai, Gong Ruying, Chen Wei-Qiang, Li Jinhui, "Uncovering the Recycling Potential of 'New' WEEE in China," *Environmental Science & Technology*, 2016, 50 (3): 1347 – 1358.

[197] Zhang L., Yuan Z., Bi J., Huang L., "Estimating Future Generation of Obsolete Household Appliances in China," *Waste Manag Res.*, 2012, 30 (11): 1160 – 1168.

[198] Zhang Zilong, Chen Xingpeng, Heck Peter, Xue Bing, Liu Ye, "Empirical Study on the Environmental Pressure Versus Economic Growth in China during 1991 – 2012," *Resources*, *Conservation and Recycling*, 2015, 101: 182 – 193.

[199] Zhu Wenhua H., Zhu Ying, Tatarchuk Bruce J., "A Simplified Equivalent Circuit Model for Simulation of Pb-Acid Batteries at Load for Energy Storage Application," *Energy Conversion and Management*, 2011, 52 (8 – 9): 2794 – 2799.

[200] Zhu Xinfeng, He Xiong, Yang Jiakuan, Gao Linxia, Liu Jianwen, Yang Danni, Sun Xiaojuan, Zhang Wei, Wang Qin, Kumar R. Vasant, "Leaching of Spent Lead Acid Battery Paste Components by Sodium Citrate and Acetic Acid," *Journal of Hazardous Materials*, 2013, 250 – 251: 387 – 396.

附　录

生产者责任延伸制度推行方案

国务院办公厅关于印发生产者责任
延伸制度推行方案的通知

国办发〔2016〕99号

各省、自治区、直辖市人民政府，国务院各部委、各直属机构：

《生产者责任延伸制度推行方案》已经国务院同意，现印发给你们，请认真贯彻执行。

国务院办公厅

2016 年 12 月 25 日

（此件公开发布）

生产者责任延伸制度推行方案

生产者责任延伸制度是指将生产者对其产品承担的资源环境责任

从生产环节延伸到产品设计、流通消费、回收利用、废物处置等全生命周期的制度。实施生产者责任延伸制度，是加快生态文明建设和绿色循环低碳发展的内在要求，对推进供给侧结构性改革和制造业转型升级具有积极意义。近年来，我国在部分电器电子产品领域探索实行生产者责任延伸制度，取得了较好效果，有关经验做法应予复制和推广。为进一步推行生产者责任延伸制度，根据《中共中央　国务院关于印发〈生态文明体制改革总体方案〉的通知》要求，特制定以下方案。

一　总体要求

（一）指导思想。全面贯彻党的十八大和十八届三中、四中、五中、六中全会精神，按照党中央、国务院决策部署，紧紧围绕统筹推进"五位一体"总体布局和协调推进"四个全面"战略布局，牢固树立创新、协调、绿色、开放、共享的发展理念，加快建立生产者责任延伸的制度框架，不断完善配套政策法规体系，逐步形成责任明确、规范有序、监管有力的激励约束机制，通过开展产品生态设计、使用再生原料、保障废弃产品规范回收利用和安全处置、加强信息公开等，推动生产企业切实落实资源环境责任，提高产品的综合竞争力和资源环境效益，提升生态文明建设水平。

（二）基本原则。

政府推动，市场主导。充分发挥市场在资源配置中的决定性作用，更好发挥政府规划引导和政策支持作用，形成有利的体制机制和市场环境。

明晰责任，依法推进。强化法治思维，逐步完善生产者责任延伸制度相关法律法规和标准规范，依法依规明确产品全生命周期的资源环境责任。

有效激励，强化管理。创新激励约束机制，调动各方主体履行资源环境责任的积极性，形成可持续商业模式。加强生产者责任延伸制度实施的监督评价，不断提高管理水平。

试点先行，重点突破。合理确定生产者责任延伸制度的实施范围，把握实施的节点和力度。坚持边试点、边总结、边推广，逐步扩大实施范围，稳妥推进相关工作。

（三）工作目标。到2020年，生产者责任延伸制度相关政策体系初步形成，产品生态设计取得重大进展，重点品种的废弃产品规范回收与循环利用率平均达到40%。到2025年，生产者责任延伸制度相关法律法规基本完善，重点领域生产者责任延伸制度运行有序，产品生态设计普遍推行，重点产品的再生原料使用比例达到20%，废弃产品规范回收与循环利用率平均达到50%。

二　责任范围

（一）开展生态设计。生产企业要统筹考虑原辅材料选用、生产、包装、销售、使用、回收、处理等环节的资源环境影响，深入开展产品生态设计。具体包括轻量化、单一化、模块化、无（低）害化、易维护设计，以及延长寿命、绿色包装、节能降耗、循环利用等设计。

（二）使用再生原料。在保障产品质量性能和使用安全的前提下，鼓励生产企业加大再生原料的使用比例，实行绿色供应链管理，加强对上游原料企业的引导，研发推广再生原料检测和利用技术。

（三）规范回收利用。生产企业可通过自主回收、联合回收或委托回收等模式，规范回收废弃产品和包装，直接处置或由专业企业处置利用。产品回收处理责任也可以通过生产企业依法缴纳相关基金、对专业企业补贴的方式实现。

（四）加强信息公开。强化生产企业的信息公开责任，将产品质量、安全、耐用性、能效、有毒有害物质含量等内容作为强制公开信息，面向公众公开；将涉及零部件产品结构、拆解、废弃物回收、原材料组成等内容作为定向公开信息，面向废弃物回收、资源化利用主体公开。

三　重点任务

综合考虑产品市场规模、环境危害和资源化价值等因素，率先确定对电器电子、汽车、铅酸蓄电池和包装物等4类产品实施生产者责任延伸制度。在总结试点经验基础上，适时扩大产品品种和领域。

（一）电器电子产品。制定电器电子产品生产者责任延伸政策指引和评价标准，引导生产企业深入开展生态设计，优先应用再生原料，积极参与废弃电器电子产品回收和资源化利用。

支持生产企业建立废弃电器电子等产品的新型回收体系，通过依托销售网络建立逆向物流回收体系，选择商业街区、交通枢纽开展自主回收试点，运用"互联网＋"提升规范回收率，选择居民区、办公区探索加强垃圾清运与再生资源回收体系的衔接，大力促进废弃电器电子产品规范回收、利用和处置，保障数据信息安全。率先在北京市开展废弃电器电子产品新型回收利用体系建设试点，并逐步扩大回收利用废弃物范围。

完善废弃电器电子产品回收处理相关制度，科学设置废弃电器电子产品处理企业准入标准，及时评估废弃电器电子产品处理目录的实施效果并进行动态调整。加强废弃电器电子产品处理基金征收和使用管理，建立"以收定支、自我平衡"的机制。强化法律责任，完善申请条件，加强信息公开，进一步发挥基金对生产者责任延伸的激励约束作用。

（二）汽车产品。制定汽车产品生产者责任延伸政策指引，明确汽车生产企业的责任延伸评价标准，产品设计要考虑可回收性、可拆解性，优先使用再生原料、安全环保材料，将用于维修保养的技术信息、诊断设备向独立维修商（包括再制造企业）开放。鼓励生产企业利用售后服务网络与符合条件的拆解企业、再制造企业合作建立逆向回收利用体系，支持回收报废汽车，推广再制造产品。探索整合汽车生产、交易、维修、保险、报废等环节基础信息，逐步建立全国统一的汽车全生命周期信息管理体系，加强报废汽车产品回收利用管理。

建立电动汽车动力电池回收利用体系。电动汽车及动力电池生产企业应负责建立废旧电池回收网络，利用售后服务网络回收废旧电池，统计并发布回收信息，确保废旧电池规范回收利用和安全处置。动力电池生产企业应实行产品编码，建立全生命周期追溯系统。率先在深圳等城市开展电动汽车动力电池回收利用体系建设，并在全国逐步推广。

（三）铅酸蓄电池、饮料纸基复合包装。对铅酸蓄电池、饮料纸基复合包装等产业集中度较高、循环利用产业链比较完整的特定品种，在国家层面制定、分解落实回收利用目标，并建立完善统计、核查、评价、监督和目标调节等制度。

引导铅酸蓄电池生产企业建立产品全生命周期追溯系统，采取自主回收、联合回收或委托回收模式，通过生产企业自有销售渠道或专业企业在消费末端建立的网络回收铅酸蓄电池，支持采用"以旧换新"等方式提高回收率。备用电源蓄电池、储能用蓄电池报废后交给专业企业处置。探索完善生产企业集中收集和跨区域转运方式。率先在上海市建设铅酸蓄电池回收利用体系，规范处理利用采取"销一收一"模式回收的废铅酸蓄电池。

开展饮料纸基复合包装回收利用联盟试点。支持饮料纸基复合包装生产企业、灌装企业和循环利用企业按照市场化原则组成联盟，通过灌装企业销售渠道、现有再生资源回收体系、循环利用企业自建网络等途径，回收废弃的饮料纸基复合包装。鼓励生产企业根据回收量和利用水平，对回收链条薄弱环节给予技术、资金支持，推动实现回收利用目标。

四 保障措施

（一）加强信用评价。建立电器电子、汽车、铅酸蓄电池和包装物 4 类产品骨干生产企业落实生产者责任延伸的信用信息采集系统，并与全国信用信息共享平台对接，对严重失信企业实施跨部门联合惩戒。建立 4 类产品骨干生产企业履行生产者责任延伸情况的报告和公示制度，并率先在部分企业开展试点。建立生产者责任延伸的第三方信用认证评价制度，引入第三方机构对企业履责情况进行评价核证。定期发布生产者责任延伸制度实施情况报告。

（二）完善法规标准。加快修订循环经济促进法、报废汽车回收管理办法、废弃电器电子产品回收处理管理条例，适时制定铅酸蓄电池回收利用管理办法、新能源汽车动力电池回收利用暂行办法、强制回收产品和包装物名录及管理办法、生产者责任延伸评价管理办法。建立完善产品生态设计、回收利用、信息公开等方面标准规范，支持制定生产者责任延伸领域的团体标准。开展生态设计标准化试点。建立统一的绿色产品标准、认证、标识体系，将生态设计产品、再生产品、再制造产品纳入其中。

（三）加大政策支持。研究对开展生产者责任延伸试点的地区和相关企业创新支持方式，加大支持力度。鼓励采用政府和社会资本合作（PPP）模式、第三方服务方式吸引社会资本参与废弃产品回收利用。建立绿色金融体系，落实绿色信贷指引，引导银行业金融机构优先支持落实生产者责任延伸制度的企业，支持符合条件的企业发行绿色债券建设相关项目。通过国家科技计划（专项、基金等）统筹支持生态设计、绿色回收、再生原料检测等方面共性关键技术研发。支持生产企业、资源循环利用企业与科研院所、高等院校组建产学研技术创新联盟。

（四）严格执法监管。开展再生资源集散地专项整治，取缔非法回收站点。加强对报废汽车、废弃电器电子产品拆解企业的资质管理，规范对铅酸蓄电池等特殊品种的管理。严格执行相关法律法规和标准，依法依规处置达不到环境排放标准和安全标准的企业，查处无证经营行为。建立定期巡视和抽查制度，持续打击非法改装、拼装报废车和非法拆解电器电子产品等行为。

（五）积极示范引导。加大再生产品和原料的推广力度，发挥政府等公共机构的带头示范作用，实施绿色采购目标管理，扩大再生产品和原料应用，率先建立规范、通畅、高效的回收体系。遴选一批生产者责任延伸制度实施效果较好的项目进行示范推广。加强生产者责任延伸方面的舆论宣传，普及绿色循环发展理念，引导社会公众自觉规范交投废物，积极开展垃圾分类，提高生态文明意识。

各地区、各部门要高度重视推行生产者责任延伸制度的重要意义，加强组织领导，扎实推进工作。发展循环经济工作部际联席会议要把推行生产者责任延伸制度作为重要工作内容，加强顶层设计，统筹推进各项工作。国家发展改革委要细化实施方案，制定时间表、路线图，加强统筹协调和分类指导，重大情况及时向国务院报告。科技部、工业和信息化部、财政部、环境保护部、住房城乡建设部、商务部、人民银行、工商总局、质检总局、国务院法制办等部门要密切配合、形成合力，按照职责分工抓好落实。各地区要根据本地实际抓好具体实施，有力推进生产者责任延伸工作。

附件：重点任务分工及进度安排

重点任务分工及进度安排

序号	重点任务	责任单位	时间进度安排
1	完善废弃电器电子产品回收处理制度	国家发展改革委、环境保护部、财政部在各自职责范围内分别负责	2017 年底前提出方案
2	制定强制回收的产品和包装物名录及管理办法，确定特定品种的国家回收利用目标	国家发展改革委牵头，工业和信息化部、环境保护部、住房和城乡建设部、财政部、商务部、国家质检总局参与	2018 年完成
3	率先在北京市开展废弃电器电子产品新型回收利用体系建设试点	北京市组织实施，国务院有关部门加强指导	2017 年启动
4	开展饮料纸基复合包装回收利用联盟试点	相关行业联盟组织实施，国务院有关部门加强指导	2017 年启动
5	探索铅酸蓄电池生产商集中收集和跨区域转运方式	环境保护部牵头，国家发展改革委、工业和信息化部参与	2017 年启动
6	在部分企业开展生态设计试点	工业和信息化部、国家发展改革委	持续推动
7	在部分企业开展电器电子、汽车产品生产者责任延伸试点，率先开展信用评价	工业和信息化部、科技部、财政部、商务部组织试点，国家发展改革委牵头组织信用评价	持续推动
8	率先在上海市建设铅酸蓄电池回收利用体系	上海市组织实施，国务院有关部门加强指导	2017 年启动

续表

序号	重点任务	责任单位	时间进度安排
9	建立电动汽车动力电池产品编码制度和全生命周期追溯系统	工业和信息化部、国家质检总局负责	2017 年完成
10	支持建立铅酸蓄电池全生命周期追溯系统，推动实行统一的编码规范	工业和信息化部、国家质检总局、国家发展改革委负责	持续推进
11	建设生产者责任延伸的信用信息采集系统，制定生产者责任延伸评价管理办法，并制定相应的政策指引	国家发展改革委牵头，工业和信息化部、环境保护部、商务部、中国人民银行参与	2019 年完成
12	修订《报废汽车回收管理办法》，规范报废汽车产品回收利用制度	国务院法制办、商务部牵头，国家工商总局、国家发展改革委、工业和信息化部等部门参与	2017 年完成
13	制定铅酸蓄电池回收利用管理办法	国家发展改革委牵头，工业和信息化部、环境保护部参与	2017 年完成
14	健全标准计量体系，建立认证评价制度	国家质检总局牵头，国务院相关部门参与	持续推进
15	研究对开展生产者责任延伸试点的地区和履行责任的生产企业的支持方式	国家发展改革委、财政部	持续推进
16	加大科技支持力度	科技部牵头，国家发展改革委、工业和信息化部、环境保护部参与	持续推进
17	加快建立再生产品和原料推广使用制度	国家发展改革委、工业和信息化部、财政部、环境保护部、国家质检总局	2018 年完成
18	实施绿色采购目标管理	财政部牵头，国务院相关部门参与	2019 年完成
19	加强宣传引导	国家发展改革委牵头，国务院各部门参与	持续推进
20	加强工作统筹规划和分类指导	国家发展改革委牵头，国务院各部门参与	持续推进

废弃电器电子产品处理目录（2014 年版）

中华人民共和国国家发展和改革委员会

中华人民共和国环境保护部

中华人民共和国工业和信息化部

中华人民共和国财政部

中华人民共和国海关总署

国家税务总局

公告

2015 年　第 5 号

根据《废弃电器电子产品回收处理管理条例》（国务院令第 551 号）规定，经国务院批准，现公布《废弃电器电子产品处理目录（2014 年版）》，自 2016 年 3 月 1 日起实施。《废弃电器电子产品处理目录（第一批）》同时废止。

附件：《废弃电器电子产品处理目录（2014 年版）》

国家发展改革委

环 境 保 护 部

工业和信息化部

财 　政 　部

海 关 总 署

国 家 税 务 总 局

2015 年 2 月 9 日

废弃电器电子产品处理目录（2014 年版）

序号	产品名称	产品范围及定义
1	电冰箱	冷藏冷冻箱（柜）、冷冻箱（柜）、冷藏箱（柜）及其他具有制冷系统，消耗能量以获取冷量的隔热箱体（容积≤800 升）
2	空气调节器	整体式空调器（窗式、穿墙式等）、分体式空调器（挂壁式、落地式等）、一拖多空调器等制冷量在14000W 及以下（一拖多空调时，按室外机制冷量计算）的房间空气调节器具
3	吸油烟机	深型吸排油烟机、欧式塔型吸排油烟机、侧吸式吸排油烟机和其他安装在炉灶上部，用于收集、处理被污染空气的电动器具
4	洗衣机	波轮式洗衣机、滚筒式洗衣机、搅拌式洗衣机、脱水机及其他依靠机械作用洗涤衣物（含兼有干衣功能）的器具（干衣量≤10 公斤）
5	电热水器	储水式电热水器、快热式电热水器和其他将电能转换为热能，并将热能传递给水，使水产生一定温度的器具（容量≤500 升）
6	燃气热水器	以燃气作为燃料，通过燃烧加热方式将热量传递到流经热交换器的冷水中以达到制备热水目的的一种燃气用具（热负荷≤70kw）
7	打印机	激光打印机、喷墨打印机、针式打印机、热敏打印机和其他与计算机联机工作或利用云打印平台，将数字信息转换成文字和图像并以硬拷贝形式输出的设备，包括以打印功能为主，兼有其他功能设备（印刷幅面＜A2，印刷速度≤80 张/分钟）
8	复印机	静电复印机、喷墨复印机和其他用各种不同成像过程产生原稿复印品的设备，包括以复印功能为主，兼有其他功能的设备（印刷幅面＜A2，印刷速度≤80 张/分钟）
9	传真机	利用扫描和光电变换技术，把文字、图表、相片等静止图像变换成电信号发送出去，接收时以记录形式获取复制稿的通信终端设备，包括以传真功能为主，兼有其他功能的设备
10	电视机	阴极射线管（黑白、彩色）电视机、等离子电视机、液晶电视机、OLED 电视机、背投电视机、移动电视接收终端及其他含有电视调谐器（高频头）的用于接收信号并还原出图像及伴音的终端设备
11	监视器	阴极射线管（黑白、彩色）监视器、液晶监视器等由显示器件为核心组成的图像输出设备（不含高频头）
12	微型计算机	台式微型计算机（含一体机）和便携式微型计算机（含平板电脑、掌上电脑）等信息事务处理实体

序号	产品名称	产品范围及定义
13	移动通信手持机	GSM 手持机、CDMA 手持机、SCDMA 手持机、3G 手持机、4G 手持机、小灵通等手持式的，通过蜂窝网络的电磁波发送或接收两地讲话或其他声音、图像、数据的设备
14	电话单机	PSTN 普通电话机、网络电话机（IP 电话机）、特种电话机和其他通信中实现声能与电能相互转换的用户设备

铅蓄电池再生及生产污染防治技术政策

关于发布《铅蓄电池再生及生产污染防治技术政策》和《废电池污染防治技术政策》的公告

为贯彻《中华人民共和国环境保护法》，完善环境技术管理体系，指导污染防治，保障人体健康和生态安全，引导行业绿色循环低碳发展，环境保护部组织制定了《铅蓄电池生产及再生污染防治技术政策》、修订了《废电池污染防治技术政策》。现予公布，供参照执行。以上文件内容可登录环境保护部网站查询。

自本公告发布之日起，《关于发布〈废电池污染防治技术政策〉的通知》（环发〔2003〕163 号）废止。

附件：

1. 铅蓄电池生产及再生污染防治技术政策
2. 废电池污染防治技术政策

环境保护部

2016 年 12 月 26 日

抄送：各省、自治区、直辖市环境保护厅（局），新疆生产建设兵团环境保护局。

环境保护部办公厅 2016 年 12 月 26 日印发

附件1　铅蓄电池生产及再生污染防治技术政策

一　总则

（一）为贯彻《中华人民共和国环境保护法》等法律法规，防治环境污染，保障生态安全和人体健康，规范污染治理和管理行为，引领铅蓄电池行业污染防治技术进步，促进行业的绿色循环低碳发展，制定本技术政策。

（二）本技术政策适用于铅蓄电池生产及再生过程，其中铅蓄电池生产包括铅粉制造、极板制造、涂板、化成、组装等工艺过程，铅蓄电池再生包括破碎分选、脱硫、熔炼等工艺过程。铅蓄电池在收集、运输和贮存等环节的技术管理要求由《废电池污染防治技术政策》规定。

（三）本技术政策为指导性文件，主要包括源头控制和生产过程污染防控、大气污染防治、水污染防治、固体废物利用与处置、鼓励研发的新技术等内容，为铅蓄电池行业环境保护相关规划、环境影响评价等环境管理和企业污染防治工作提供技术指导。

（四）铅蓄电池生产及再生应加大产业结构调整和产品优化升级力度，合理规划产业布局，进一步提高产业集中度和规模化水平。

（五）铅蓄电池生产及再生应遵循全过程污染控制原则，以重金属污染物减排为核心，以污染预防为重点，积极推进源头减量替代，突出生产过程控制，规范资源再生利用，健全环境风险防控体系，强制清洁生产审核，推进环境信息公开。

（六）铅蓄电池行业应对含铅废气、含铅废水、含铅废渣及硫酸雾等进行重点防治，防止累积性污染，鼓励铅蓄电池企业达到一级清洁生产水平。

二 源头控制与生产过程污染防控

（一）铅蓄电池企业原料的运输、贮存和备料等过程应采取措施，防止物料扬撒，不应露天堆放原料及中间产品。

（二）优化铅蓄电池产品的生态设计，逐步减少或淘汰铅蓄电池中镉、砷等有毒有害物质的使用。

（三）铅蓄电池生产过程中的熔铅、铸板及铅零件工序应在封闭车间内进行，产生烟尘的部位应设局部负压设施，收集的废气进入废气处理设施。根据产品类型的不同，应采用连铸连轧、连冲、拉网、压铸或者集中供铅（指采用一台熔铅炉为两台以上铸板机供铅）的重力浇铸板栅制造技术。铅合金配制与熔铅过程鼓励使用铅减渣剂，以减少铅渣的产生量。

（四）铅粉制造工序应采用全自动密封式铅粉机；和膏工序（包括加料）应使用自动化设备，在密闭状态下生产；涂板及极板传送工序应配备废液自动收集系统；生产管式极板应使用自动挤膏机或封闭式全自动负压灌粉机。

（五）分板、刷板（耳）工序应设在封闭的车间内，采用机械化分板、刷板（耳）设备，保持在局部负压条件下生产；包板、称板、装配、焊接工序鼓励采用自动化设备，并保持在局部负压条件下生产，鼓励采用无铅焊料。

（六）供酸工序应采用自动配酸、密闭式酸液输送和自动灌酸；

应配备废液自动收集系统并进行回收或处置。

（七）化成工序鼓励采用内化成工艺，该工序应设在封闭车间内，并配备硫酸雾收集处理装置。新建企业应采用内化成工艺。

（八）废铅蓄电池拆解应采用机械破碎分选的工艺、技术和设备，鼓励采用全自动破碎分选技术与装备，加强对原料场及各生产工序无组织排放的控制。分选出的塑料、橡胶等应清洗和分离干净，减少对环境的污染。

（九）再生铅企业应对带壳废铅蓄电池进行预处理，废铅膏与铅栅应分别熔炼；对分选出的铅膏应进行脱硫处理；熔炼工序应采用密闭熔炼、低温连续熔炼、多室熔炼炉熔炼等技术，并在负压条件下生产，防止废气逸出；铸锭工序应采用机械化铸锭技术。

（十）废铅蓄电池的废酸应回收利用，鼓励采用离子交换或离子膜反渗透等处理技术；废塑料、废隔板纸和废橡胶的分选、清洗、破碎和干燥等工艺应遵循先进、稳定、无二次污染的原则，采用节水、节能、高效、低污染的技术和设备，鼓励采用自动化作业。

三　大气污染防治

（一）鼓励采用袋式除尘、静电除尘或袋式除尘与湿式除尘（如水幕除尘、旋风除尘）等组合工艺处理铅烟；鼓励采用袋式除尘、静电除尘、滤筒除尘等组合工艺技术处理铅尘。鼓励采用高密度小孔径滤袋、微孔膜复合滤料等新型滤料的袋式除尘器及其他高效除尘设备。应采取严格措施控制废气无组织排放。

（二）再生铅熔炼过程中，应控制原料中氯含量，鼓励采用烟气急冷、功能材料吸附、催化氧化等技术控制二噁英等污染物的排放。

（三）再生铅熔炼过程产生的硫酸雾应采用冷凝回流或物理捕捉

加逆流碱液洗涤等技术进行处理。

四　水污染防治

（一）废水收集输送应雨污分流，生产区内的初期雨水应进行单独收集并处理。生产区地面冲洗水、厂区内洗衣废水和淋浴水应按含铅废水处理，收集后汇入含铅废水处理设施，处理后达标排放或循环利用，不得与生活污水混合处理。

（二）含重金属（铅、镉、砷等）生产废水，应在其产生车间或生产设施进行分质处理或回用，经处理后实现车间、处理设施和总排口的一类污染物的稳定达标；其他污染物在厂区总排放口应达到法定要求排放；鼓励生产废水全部循环利用。

（三）含重金属（铅、镉、砷等）废水，按照其水质及排放要求，可采用化学沉淀法、生物制剂法、吸附法、电化学法、膜分离法、离子交换法等组合工艺进行处理。

五　固体废物利用与处置

（一）再生铅熔炼产生的熔炼浮渣、合金配制过程中产生的合金渣应返回熔炼工序；除尘工艺收集的不含砷、镉的烟（粉）尘应密闭返回熔炼配料系统或直接采用湿法提取有价金属。

（二）鼓励废铅蓄电池再生企业推进技术升级，提高再生铅熔炼各工序中铅、锑、砷、镉等元素的回收率，严格控制重金属排放量。

（三）废铅蓄电池再生过程中产生的铅尘、废活性炭、废水处理污泥、含铅废旧劳保用品（废口罩、手套、工作服等）、带铅尘包装物等含铅废物应送有危险废物经营许可证的单位进行处理。

六 鼓励研发的新技术

（一）减铅、无镉、无砷铅蓄电池生产技术。

（二）自动化电池组装、快速内化成等铅蓄电池生产技术。

（三）卷绕式、管式等新型结构密封动力电池、新型大容量密封铅蓄电池等生产技术。

（四）新型板栅材料、电解沉积板栅制造技术及铅膏配方。

（五）干、湿法熔炼回收铅膏、直接制备氧化铅技术及熔炼渣无害化综合利用技术。

（六）废气、废水及废渣中重金属高效去除及回收技术。

（七）废气、废水中铅、镉、砷等污染物快速检测与在线监测技术。

废电池污染防治技术政策

《废电池污染防治技术政策》

一 总则

（一）为贯彻《中华人民共和国环境保护法》《中华人民共和国固体废物污染环境防治法》等有关法律法规，防治环境污染，保障生态安全和人体健康，指导环境管理与科学治污，引领污染防治技术进步，促进废电池利用，制定本技术政策。

（二）本技术政策适用于各种电池在生产、运输、销售、贮存、使用、维修、利用、再制造等过程中产生的混合废料、不合格产品、报废产品和过期产品的污染防治。重点控制的废电池包括废的铅蓄电池、锂离子电池、氢镍电池、镉镍电池和含汞扣式电池。

（三）本技术政策为指导性文件，主要包括废电池收集、运输、贮存、利用与处置过程的污染防治技术和鼓励研发的新技术等内容，为废电池的环境管理与污染防治提供技术指导。

（四）废电池污染防治应遵循闭环与绿色回收、资源利用优先、合理安全处置的综合防治原则。

（五）逐步建立废铅蓄电池、废新能源汽车动力蓄电池等的收集、运输、贮存、利用、处置过程的信息化监管体系，鼓励采用信息化技术建设废电池的全过程监管体系。

（六）列入国家危险废物名录或者根据国家规定的危险废物鉴别标准和鉴别方法认定为危险废物的废电池按照危险废物管理。

二　收集

（一）在具备资源化利用条件的地区，鼓励分类收集废原电池。

（二）鼓励电池生产企业、废电池收集企业及利用企业等建设废电池收集体系。鼓励电池生产企业履行生产者延伸责任。

（三）鼓励废电池收集企业应用"物联网＋"等信息化技术建立废电池收集体系，并通过信息公开等手段促进废电池的高效回收。

（四）废电池收集企业应设立具有显著标识的废电池分类收集设施。鼓励消费者将废电池送到相应的废电池收集网点装置中。

（五）收集过程中应保持废电池的结构和外形完整，严禁私自破损废电池，已破损的废电池应单独存放。

三　运输

（一）废电池应采取有效的包装措施，防止运输过程中有毒有害物质泄漏造成污染。

（二）废锂离子电池运输前应采取预放电、独立包装等措施，防止因撞击或短路发生爆炸等引起的环境风险。

（三）禁止在运输过程中擅自倾倒和丢弃废电池。

四　贮存

（一）废电池应分类贮存，禁止露天堆放。破损的废电池应单独贮存。贮存场所应定期清理、清运。

（二）废铅蓄电池的贮存场所应防止电解液泄漏。废铅蓄电池的贮存应避免遭受雨淋水浸。

（三）废锂离子电池贮存前应进行安全性检测，避光贮存，应控制贮存场所的环境温度，避免因高温自燃等引起的环境风险。

五　利用

（一）禁止人工、露天拆解和破碎废电池。

（二）应根据废电池特性选择干法冶炼、湿法冶金等技术利用废电池。干法冶炼应在负压设施中进行，严格控制处理工序中的废气无组织排放。

（三）废锂离子电池利用前应进行放电处理，宜在低温条件下拆解以防止电解液挥发。鼓励采用酸碱溶解－沉淀、高效萃取、分步沉淀等技术回收有价金属。对利用过程中产生的高浓度氨氮废水，鼓励采用精馏、膜处理等技术处理并回用。

（四）废含汞电池利用时，鼓励采用分段控制的真空蒸馏等技术回收汞。

（五）废锌锰电池和废镉镍电池应在密闭装置中破碎。

（六）干法冶炼应采用吸附、布袋除尘等技术处理废气。

（七）湿法冶金提取有价金属产生的废水宜采用膜分离法、功能材料吸附法等处理技术。

（八）废铅蓄电池利用企业的废水、废气排放应执行《再生铜、铝、铅、锌工业污染物排放标准》（GB 31574）。其他废电池干法利用企业的废气排放应参照执行《危险废物焚烧污染控制标准》（GB18484），废水排放应当满足《污水综合排放标准》（GB 8978）和其他相应标准的要求。

（九）废铅蓄电池利用的污染防治技术政策由《铅蓄电池生产及再生污染防治技术政策》规定。

六　处置

（一）应避免废电池进入生活垃圾焚烧装置或堆肥发酵装置。

（二）对于已经收集的、目前还没有经济有效手段进行利用的废电池，宜分区分类填埋，以便于将来利用。

（三）在对废电池进行填埋处置前和处置过程中，不应将废电池进行拆解、碾压及其他破碎操作，保证废电池的外壳完整，减少并防止有害物质渗出。

七　鼓励研发的新技术

（一）废电池高附加值和全组分利用技术。

（二）智能化的废电池拆解、破碎、分选等技术。

（三）自动化、高效率和高安全性的废新能源汽车动力蓄电池的模组分离、定向循环利用和逆向拆解技术。

（四）废锂离子电池隔膜、电极材料的利用技术和电解液的膜分离技术。

控制危险废物越境转移及其处置巴塞尔公约

《巴塞尔公约》旨在遏止越境转移危险废料，特别是向发展中国家出口和转移危险废料。公约要求各国把危险废料数量减到最低限度，用最有利于环境保护的方式尽可能就地储存和处理。公约明确规定：如出于环保考虑确有必要越境转移废料，出口危险废料的国家必须事先向进口国和有关国家通报废料的数量及性质；越境转移危险废料时，出口国必须持有进口国政府的书面批准书。公约还呼吁发达国家与发展中国家通过技术转让、交流情报和培训技术人员等多种途径在处理危险废料领域加强国际合作。

1995 年《巴塞尔公约》的修正案禁止发达国家以最终处置为目的向发展中国家出口危险废料，并规定发达国家在 1997 年年底以前停止向发展中国家出口用于回收利用的危险废料。

序 言

本公约缔约国，意识到危险废物和其他废物及其越境转移对人类和环境可能造成的损害，铭记着危险废物和其他废物的产生、其复杂性和越境转移的增长对人类健康和环境所造成的威胁日趋严重，又铭记着保护人类健康和环境免受这类废物的危害的最有效方法是把其产生的数量和（或）潜在危害程度减至最低限度，深信各国应采取必要措施，以保证危险废物和其他废物的管理包括其越境转移和处置符合保护人类健康和环境的目的，不论处置场所位于何处，注意到各国应确保产生者必须以符合环境保护的方式在危险废物和其他废物的运输和处置方面履行义务，不论处置场所位于何处，充分确认任何国家皆享有禁止来自外国的危险废物和其他废物进入其领土或在其领土内处置的主权权利，又确认人们日益盼望禁止危险废物的越境转移及其在其他国家特别是在发展中国家的处置，深信危险废物和其他废物应尽量在符合对环境无害的有效管理下，在废物产生国的境内处置，又意识到这类废物从产生国到任何其他国家的越境转移应仅在进行此种转移不致危害人类健康和环境并遵照本公约各项规定的情况下才予以许可，认为加强对危险废物和其他废物越境转移的控制将起到鼓励其无害于环境的处置和减少其越境转移量的作用，深信各国应采取措施，适当交流有关危险废物和其他废物来往于那些国家的越境转移的资料并控制此种转移，注意到一些国际和区域协定已处理了危险货物过境方面保护和维护环境的问题，考虑到《联合国人类环境会议宣言》（1972 年，斯德哥尔摩）和联合国环境规划署（简称环境署）理事会1987 年 6 月 17 日第 14/30 号决定通过的《关于危险废物环境无害管理的开罗准则和原则》、联合国危险物品运输问题专家委员会的建议（于 1957 年拟定后，每两年订正一次）、在联合国系统内通过的有关建议、宣言、文书和条例以及其他国际和区域组织内部所做的工作和研究，铭记着联合国大会第三十七届（1982 年）会议所通过的《世界大自然宪章》的精神、原则、目标和任务乃是保护人类环境和养护自然资源方面的道德准则，申明各国有责任履行其保护人类健康和维护环境的国际义务并按照国际法承担责任，确认在一旦发生对本公约或其任何议定书条款的重大违反事件时，应适用有关的国际条约法的规定，意识到必须继续发展和实施无害于环境的低废技术、再循环方法、良好的管理制度，以便尽量减少危险废物和其他废物的产生，又意识到国际上日益关注严格控制危险废物和其他废物越境转移的必要性，以及必须尽量把这类转移减少到最低限度，对危险废物越境转移中存在的非法运输问题表示关切，并考虑到发展中国家管理危险废物和其他废物的能力有限，确认有必要按照开罗准则和环境署理事会关于促进环境保护技术的转让的第 14/16 号决定的精神，促进特别向发展中国家转让技术，以便对于本国产生的危险废物和其他废物进行无害管理，并确认应该按照有关的国际公约和建议进行危险废物和其他废物的运输，并深信危险废物和其他废物的越境转移应仅仅在此种废物的运输和最后处置对环境无害的情况下才给予许可，决心采取严格的控制措施来保护人类健康和环境，使其免受危险废物和其他废物的产生和管理可能造成的不利影响。

兹协议如下。

第一条　本公约的范围

1. 为本公约的目的，越境转移所涉下列废物即为"危险废物"：

（a）属于附件一所载任何类别的废物，除非它们不具备附件三所列的任何特性；

（b）任一出口、进口或过境缔约国的国内立法确定为或视为危险废物的不包括在（a）项内的废物。

2. 为本公约的目的，越境转移所涉载于附件二的任何类别的废物即为"其他废物"。

3. 由于具有放射性而应由专门适用于放射性物质的国际管制制度包括国际文书管辖的废物不属于本公约的范围。

4. 由船舶正常作业产生的废物，其排放已由其他国际文书做出规定者，不属于本公约的范围。

第二条　定义

为本公约的目的：

1. "废物"是指处置的或打算予以处置的或按照国家法律规定必须加以处置的物质或物品；

2. "管理"是指对危险废物或其他废物的收集、运输和处置，包括对处置场所的事后处理；

3. "越境转移"是指危险废物或其他废物从一国的管辖地区移至或通过另一国的管辖地区的任何转移，或移至或通过不是任何国家的管辖地区的任何转移，但该转移须涉及至少两个国家；

4. "处置"是指本公约附件四所规定的任何作业；

5. "核准的场地或设施"是指经该场地或设施所在国的有关当局授权或批准从事危险废物或其他废物处置作业的场地或设施；

6. "主管当局"是指由一缔约国指定在该国认为适当的地理范围内负责接收第六条所规定关于危险废物或其他废物越境转移的通知及任何有关资料并负责对此类通知做出答复的一个政府当局；

7. "联络点"是指第五条所指一缔约国内负责接收和提交第十三条和第十五条所规定的资料的一个实体；

8. "危险废物或其他废物的环境无害管理"是指采取一切可行步骤，确保危险废物或其他废物的管理方式将能保护人类健康和环境，使其免受这类废物可能产生的不利后果；

9. "在一国管辖下的区域"是指任何陆地、海洋或空间区域，在该区域范围内一国按照国际法就人类健康或环境的保护方面履行行政和管理上的责任；

10. "出口国"是指危险废物或其他废物越境转移起始或预定起始的缔约国；

11. "进口国"是指作为危险废物或其他废物进行或预定进行越境转移的目的的缔约国，以便在该国进行处置，或装运到不属于任何国家管辖的区域内进行处置；

12. "过境国"是指危险废物或其他废物转移中通过或计划通过

的除出口国或进口国之外的任何国家；

13. "有关国家"是指出口缔约国或进口缔约国，或不论是否缔约国的任何过境国；

14. "人"是指任何自然人或法人；

15. "出口者"是指安排危险废物或其他废物的出口、在出口国管辖下的任何人；

16. "进口者"是指安排危险废物或其他废物的进口、在进口国管辖下的任何人；

17. "承运人"是指从事危险废物或其他废物运输的任何人；

18. "产生者"是指其活动产生了危险废物或其他废物的任何人，或者，如果不知此人为何人，则指拥有和（或）控制着那些废物的人；

19. "处置者"是指作为危险废物或其他废物装运的收货人并从事该废物处置作业的任何人；

20. "政治和（或）经济一体化组织"是指由一些主权国家组成的组织，它得到其成员授权处理与本公约有关的事项，并经按照其内部程序正式授权签署、批准、接受、核准、正式确认或加入本公约；

21. "非法运输"是指第九条所指的对危险废物或其他废物的任何越境转移。

第三条　国家对危险废物的定义

1. 每一缔约国在成为本公约缔约国的六个月内，应将附件一和附件二所列之外的，但其国家立法视为或确定为危险废物的废物名单连同有关适用于这类废物的越境转移程序的任何规定通知本公约秘书处。

2. 每一缔约国应随后将它依据第 1 款提供的资料的任何重大变更情况通知秘书处。

3. 秘书处应立即将它依据第 1 款和第 2 款收到的资料通知所有缔约国。

4. 各缔约国应负责将秘书处递送的第 3 款之下的资料提供给本国的出口者。

第四条 一般义务

1. （a）各缔约国行使其权利禁止危险废物或其他废物进口处置时，应按照第十三条的规定将其决定通知其他缔约国。

（b）各缔约国在接获按照以上（a）项发出的通知后，应禁止或不许可向禁止这类废物进口的缔约国出口危险废物和其他废物。

（c）对于尚未禁止进口危险废物和其他废物的进口国，在该进口国未以书面同意某一进口项目时，各缔约国应禁止或不许可此类废物的出口。

2. 各缔约国应采取适当措施。

（a）考虑到社会、技术和经济方面，保证将其国内产生的危险废物和其他废物减至最低限度；

（b）保证提供充分的处置设施用以从事危险废物和其他废物的环境无害管理，不论处置场所位于何处，在可能范围内，这些设施应设在本国领土内；

（c）保证在其领土内参与危险废物和其他废物管理的人员视需要采取步骤，防止在这类管理工作中产生危险废物和其他废物的污染，并在产生这类污染时，尽量减少其对人类健康和环境的影响；

（d）保证在符合危险废物和其他废物的环境无害和有效管理下，把这类废物越境转移减至最低限度，进行此类转移时，应保护环境和人类健康，使其免受此类转移可能产生的不利影响；

（e）禁止向属于经济和（或）政治一体化组织而且在法律上完全禁止危险废物或其他废物进口的某一缔约国或一组缔约国，特别是向发展中国家出口此类废物，或者，如果有理由相信此类废物不会按照缔约国第一次会议决定的标准以环境无害方式加以管理时，也禁止向上述国家进行此种出口；

（f）规定向有关国家提供附件五－A所要求的关于拟议的危险废物和其他废物越境转移的资料，详细说明拟议的转移对人类健康和环境的影响；

（g）如果有理由相信危险废物和其他废物将不会以对环境无害的方式加以管理时，则应防止此类废物的进口；

（h）直接并通过秘书处同其他缔约国和其他有关组织合作从事各项活动，包括传播关于危险废物和其他废物越境转移的资料，以期改善对这类废物的环境无害管理并防止非法运输。

3. 各缔约国认为危险废物或其他废物的非法运输为犯罪行为。

4. 各缔约国应采取适当的法律、行政和其他措施，以期实施本公约的各项规定，包括采取措施以防止和惩办违反本公约的行为。

5. 缔约国应不许可将危险废物或其他废物从其领土出口到非缔约国，亦不许可从一非缔约国进口到其领土。

6. 各缔约国协议不许可将危险废物或其他废物出口到南纬60°以南的区域处置，不论此类废物是否涉及越境转移。

7. 此外，各缔约国还应：

（a）禁止在其国家管辖下所有的人从事危险废物或其他废物的运输或处置工作，但得到授权或许可从事这类工作的人不在此限；

（b）规定涉及越境转移的危险废物和其他废物须按照有关包装、

标签和运输方面普遍接受和承认的国际规则和标准进行包装、标签和运输，并应适当涉及国际上公认的有关惯例；

（c）规定在危险废物和其他废物的越境转移中，从越境转移起点至处置地点皆须随附一份转移文件。

8. 每一缔约国应规定，拟出口的危险废物或其他废物必须以对环境无害的方式在进口国或他处处理。公约所涉废物的环境无害管理技术准则应由缔约国在其第一次会议上决定。

9. 各缔约国应采取适当措施，以确保危险废物和其他废物的越境转移仅在下列情况下才予以许可：

（a）出口国没有技术能力和必要的设施、设备能力或适当的处置场所以无害于环境而且有效的方式处置有关废物；

（b）进口国需要有关废物作为再循环或回收工业的原材料；

（c）有关的越境转移符合由缔约国决定的其他标准，但这些标准不得背离本公约的目标。

10. 产生危险废物的国家遵照本公约以环境无害方式管理此种废物的义务不得在任何情况下转移到进口国或过境国。

11. 本公约不妨碍一缔约国为了更好地保护人类健康和环境而实施与本公约条款一致并符合国际法规则的其他规定。

12. 本公约的任何规定不应在任何方面影响按照国际法确定的各国对其领海的主权，以及按照国际法各国对其专属经济区及其大陆架拥有的主权和管辖权，以及按照国际法规定并在各有关国际文书上反映的所有国家的船只和飞机所享有的航行权和自由。

13. 各缔约国应承担定期审查是否可能把输往其他国家尤其是发展中国家的危险废物和其他废物的数量和（或）污染潜力减低。

第五条　指定主管当局和联络点

各缔约国应为促进本公约的实施：

1. 指定或设立一个或一个以上主管当局以及一个联络点，过境国则应指定一个主管当局接受通知书；

2. 在本公约对本国生效后三个月内通知本公约秘书处，说明本国已指定哪些机构作为本国的联络点和主管当局；

3. 在做出变动决定的一个月内，将其有关根据以上第 2 款所指定机构的任何变动通知本公约秘书处。

第六条　缔约国之间的越境转移

1. 出口国应将危险废物或其他废物任何拟议的越境转移书面通知或要求产生者或出口者通过出口国主管当局的渠道的书面通知告知有关国家的主管当局。该通知书应以进口国可接受的一种语言载列附件五 – A 所规定的声明和资料。仅需向每个有关国家发送一份通知书。

2. 进口国应以书面答复通知者，表示无条件或有条件同意转移、不允许转移或要求进一步提供资料。进口国最后答复的副本应送交有关缔约国的主管当局。

3. 出口缔约国在得到书面证实下述情况之前不应允许产生者或出口者开始越境转移：

（a）通知人已得到进口国的书面同意；

（b）通知人已得到进口国证实存在一份出口者与处置者之间的契约协议，详细说明对有关废物的环境无害管理办法。

4. 每一过境缔约国应迅速向通知人表示收到通知。它可在收到通知后 60 天内以书面答复通知表示无条件或有条件同意转移、不允许转移或要求进一步提供资料。出口国在收到过境国的书面同意之前，应不准许开始越境转移。不过，如果在任何时候一缔约国决定对危险废物或其他废物的过境转移一般地或在特定条件下不要求事先的书面同意，或修改它在这方面的要求，该国应按照第十三条立即将此决定通知其他缔约国。

5. 危险废物的越境转移在该废物只被：

（a）出口国的法律确定为或视为危险废物时，对进口者或处置者及进口国适用的本条第 9 款的各项要求应分别比照适用于出口者和出口国；

（b）进口国和过境缔约国的法律确定为或视为危险废物时，对出口者和出口国适用本条第 1、3、4、6 款应分别比照适用于进口者或处置者和进口国；

（c）过境缔约国的法律确定为或视为危险废物时，第 4 款的规定应对该国适用。

6. 出口国可经有关国家书面同意，在具有同一物理和化学特性的危险废物或其他废物通过出口国的同一出口海关并通过进口国的同一进口海关——就过境而言，通过过境国的同一进口和出口海关——定期装运给同一个处置者的情况下，允许产生者或出口者使用一总通知。

7. 有关国家可书面同意使用第 6 款所指的总通知，但须提供某些资料，例如关于预定装运的危险废物或其他废物的确切数量或定期清单。

8. 第 6 款和第 7 款所指的总通知和书面同意可适用于最多在 12 个月期限内的危险废物或其他废物的多次装运。

9. 各缔约国应要求每一个处理危险废物或其他废物越境转移的人在发送或收到有关危险废物时在运输文件上签名。缔约国还应要求处置者就其已收到危险废物的情况，在一定时候完成通知书上说明的处置的情况且通知出口者和出口国主管当局。如果出口国内部没有收到这类资料，出口国主管当局或出口者应将该情况通知进口国。

10. 本条所规定的通知和答复皆应递送有关缔约国的主管当局或有关非缔约国的适当政府当局。

11. 危险废物或其他危险废物的任何越境转移都应有保险、保证或进口或过境缔约国可能要求的其他担保。

第七条　从一缔约国通过非缔约国的越境转移

本公约第六条第 1 款应比照适用于从一缔约国通过非缔约国的危险废物或其他废物的越境转移。

第八条　再进口的责任

在有关国家遵照本公约规定已表示同意的危险废物或其他废物的越境转移未能按照契约的条件完成的情况下，如果在进口国通知出口国和秘书处之后 90 天内或在有关国家同意的另一期限内不能做出环境上无害的处置替代安排，出口国应确保出口者将废物运回出口国。为此，出口国和任何过境缔约国不应反对、妨碍或阻止该废物运回出口国。

第九条　非法运输

1. 为本公约的目的，任何下列情况的危险废物或其他废物的越境转移：（a）没有依照本公约规定向所有有关国家发出通知；或（b）没有依照本公约规定得到一个有关国家的同意；或（c）通过伪造、谎报或欺诈而取得有关国家的同意；或（d）与文件所列材料不符；或（e）违反本公约以及国际法的一般原则，造成危险废物或其他废物的蓄意处置（例如倾卸），均应视为非法运输。

2. 如果危险废物或其他废物的越境转移由于出口者或产生者的行为而被视为非法运输，则出口国应确保在被告知此种非法运输情况后 30 天内或在有关国家可能商定的另一限期内，将有关的危险废物做出下述处理：（a）由出口者或产生者在必要时运回出口国，如不可行，则（b）按照本公约的规定另行处置。为此目的，有关缔约国不应反对、妨碍或阻止将那些废物退回出口国。

3. 如果危险废物或其他废物的越境转移由于进口者或处置者的行为而被视为非法运输，则进口国应确保在它知悉此种非法运输情况后30天内或在有关国家可能商定的另一限期内，由进口者或处置者在必要时将有关的危险废物以对环境无害方式加以处置。为此目的，有关缔约国应进行必要的合作，以便以环境无害的方式处置此类废物。

4. 如果非法运输的责任既不能归于出口者或产生者，也不能归于进口者或处置者，则有关缔约国或其他适当的缔约国应通过合作，确保有关的危险废物尽快以对环境无害的方式在出口国或进口国或在其他适宜的地方进行处置。

5. 每一缔约国应采取适当的国家/国内立法，防止和惩办非法运输。各缔约国应为实现本条的目标而通力合作。

第十条　国际合作

1. 各缔约国应互相合作，以便改善和实现危险废物和其他废物的环境无害管理。

2. 为此，各缔约国应：

（a）在接获请求时，在双边或多边的基础上提供资料，以期促进危险废物和其他废物的环境无害管理，包括协调对危险废物和其他废物的适当管理的技术标准和规范；

（b）合作监测危险废物的管理对人类健康和环境的影响；

（c）在不违反国家法律、条例和政策的情况下，合作发展和实施新的环境无害低废技术并改进现行技术，以期在可行范围内消除危险废物和其他废物的产生，求得确保环境无害管理的更实际有效的方法，其中包括对采用这类新的或改良的技术所产生经济、社会和环境效果的研究；

（d）在不违反国家法律、条例和政策的情况下，就转让涉及危险废物和其他废物无害环境管理的技术和管理体制方面积极合作，它们还应合作建立各缔约国特别是那些在这方面可能需要并要求技术援助的国家的技术能力；

（e）合作制定适当的技术准则和（或）业务规范。

3. 各缔约国应采取适当手段进行合作，以协助发展中国家执行第4条第2款（a）、（b）和（c）项。

4. 考虑到发展中国家的需要，鼓励各缔约国之间和有关国际组织之间进行合作，以促进特别是提高公众认识，发展对危险废物和其他废物的无害管理和采用新的低废技术。

第十一条　双边、多边和区域协定

1. 尽管有第四条第5款的规定，各缔约国可同其他缔约国或非缔约国缔结关于危险废物或其他废物越境转移的双边、多边或区域协定，只要此类协定不减损本公约关于以对环境无害方式管理危险废物和其他废物的要求。这些协定应特别考虑到发展中国家的利益，对无害于环境方面做出的规定的标准不应低于本公约的有关规定。

2. 各缔约国应将第1款所指的任何双边、多边和区域协定，以及它们在本公约对其生效之前缔结的旨在控制纯粹在此类协定的缔约国之间的危险废物和其他废物越境转移的双边、多边和区域协定通知秘书处。本公约各条款不应影响遵照此种协定进行的越境转移，只要此种协定符合本公约关于以对环境无害的方式管理危险废物的要求。

第十二条　关于责任问题的协商

各缔约国应进行合作，以期在可行时尽早通过一项议定书，就危险废物和其他废物越境转移和处置所引起损害的责任和赔偿方面制定适当的规则和程序。

第十三条　递送资料

1. 各缔约国应保证，一旦获悉危险废物和其他废物越境转移及其处置过程中发生意外，可能危及其他国家的人类健康和环境时，立即通知有关国家。

2. 各缔约国应通过秘书处彼此通知下列情况：

（a）依照第五条做出的关于指定主管当局和（或）联络点的更动；

（b）依照第三条做出的国家对于危险废物的定义的修改和尽快告知；

（c）由它们做出的全部或局部不同意将危险废物或其他废物进口到它们国家管辖范围内的地区内处置的决定；

（d）由它们做出的、限制或禁止出口危险废物或其他废物的决定；

（e）由本条第4款所要求的任何其他资料。

3. 各缔约国在符合国家法律和规章的情形下，应通过秘书处向依照第十五条设立的缔约国会议于每年年底以前提交一份关于前一年的报告，其中包括下列资料：

（a）它们依照第五条指定的主管当局和联络点；

（b）关于与它们有关的危险废物或其他废物的越境转移的资料，包括①所出口危险废物和其他废物的数量、种类、特性、目的地、过境国以及在对通知的答复中说明的处置方法；②进口危险废物和其他废物的数量、种类和特性、来源及处置方法；③未按原定方式进行的处置；④为了减少危险废物或其他废物越境转移的数量而做出的努力；

（c）它们为了执行本公约而采取的措施；

（d）它们汇编的关于危险废物或其他废物的产生、运输和处置对人类健康和环境的影响的现有合格统计资料；

（e）依照本公约第十一条缔定的双边、多边和区域协定；

（f）危险废物和其他废物越境转移及处置过程中发生的意外事件，以及所采取的处理措施；

（g）在它们国家管辖范围内的地区采用的各种处置方法；

（h）为了发展出减少和（或）消除危险废物和其他废物的产生的技术而采取的措施；

（i）缔约国会议要求的有关其他事项。

4. 各缔约国在符合国家法律和条例的情况下，在某一缔约国认为其环境可能受到某一越境转移行为的影响而请求这样做时，应保证将关于危险废物或其他废物的任何越境转移的每一份通知及其答复的副本送交秘书处。

第十四条　财务方面

1. 各缔约国同意，根据各区域的具体需要，应针对危险废物和其他废物的管理使其产生减至最低限度，建立区域培训和技术转让中心。各缔约国应就建立适当的自愿性筹资机制做出决定。

2. 各缔约国应考虑建立循环基金，以便对一些紧急情况给予临时支援，尽量减少由于危险废物和其他废物的越境转移或处置过程中发生意外事故造成的损害。

第十五条　缔约国会议

1. 缔约国会议特此设立。缔约国会议的第一次会议应由联合国环境规划署执行主任于本公约生效后一年内召开。其后的缔约国会议常会应依照第一次会议所规定的时间按期举行。

2. 缔约国会议可于其认为必要的其他时间举行非常会议；如经任何缔约国书面请求，由秘书处将该项请求转至各缔约国后六个月内至少有 1/3 缔约国表示支持时，亦可举行非常会议。

3. 缔约国会议应以协商一致方式商定和通过其本身的和它可能设立的任何附属机构的议事规则和财务细则，以便确定特别是本公约下各缔约国的财务参与办法。

4. 各缔约国在其第一次会议上，应审议为协助履行其在本公约范围内保护和维护海洋环境方面的责任所需的任何其他措施。

5. 缔约国会议应不断地审查和评价本公约的有效执行情况，同时应：

（a）促进适当政策、战略和措施的协调，以尽量减少危险废物和其他废物对人类健康和环境的损害；

（b）视需要审议和通过对本公约及其附件的修正，除其他外，应考虑到现有的科技、经济和环境资料；

（c）参照本公约实施中以及第十一条所设想的协定的运作中所获的经验，审议并采取为实现本公约宗旨所需的任何其他行动；

（d）视需要审议和通过议定书；

（e）成立为执行本公约所需的附属机构。

6. 联合国及其各专门机构以及任何非本公约缔约国，均可派观察员出席缔约国会议。任何其他组织，无论是国家或国际性质、政府或非政府性质，只要在与危险废物或其他废物有关的领域具有资格，并通知秘书处愿意以观察员身份出席缔约国会议，在此情况下，除非有至少 1/3 的出席缔约国表示反对，都可被接纳参加。观察员的接纳与参加应遵照缔约国通过的议事规则处理。

7. 缔约国会议应于本公约生效三年后并至少在其后每六年对其有

效性进行评价，并于认为必要时，参照最新的科学、环境、技术和经济资料，审议是否全部或局部禁止危险废物和其他废物的越境转移。

第十六条 秘书处

1. 秘书处的职责如下。

（a）为第十五条和第十七条规定的会议做出安排并提供服务。

（b）根据按第三、四、六、十一和十三条收到的资料，根据从第十五条规定成立的附属机构的会议得来的资料，以及在适当时根据有关的政府间和非政府实体提供的资料，编写和提交报告。

（c）就执行本公约规定的职责进行的各项活动编写报告，并提交缔约国会议。

（d）保证同其他有关的国际机构进行必要的协调，特别是为有效地履行其职责而制定所需的行政和契约安排。

（e）同各缔约国按本公约第五条规定设立的联络点和主管当局进行联系。

（f）汇编各缔约国批准可用来处置危险废物和其他废物的本国场地和设施的资料并将此种资料分发各缔约国。

（g）从缔约国收取并向它们传递下列资料：

技术援助和培训的来源；

现有的科学和技术专门知识；

咨询意见和专门技能的来源；

可得的资源情况。

以期于接到请求时，就下列方面向缔约国提供援助：

本公约通知事项的处理；

危险废物和其他废物的管理；

涉及危险废物和其他废物的环境无害技术，例如低废和无废技术；

处置能力和场所的评估；

危险废物和其他废物的监测；

紧急反应。

（h）根据请求，向缔约国提供具有该领域必要技术能力的顾问或公司的资料，以便这些顾问或公司能够帮助它们审查某一越境转移通知，审查危险废物或其他废物的装运情况是否与有关的通知相符，和（或）在它们有理由认为有关废物的处理方式并非对环境无害时，审查拟议的危险废物或其他废物的处置设施是否不对环境造成危害。任何此种审查涉及的费用不应由秘书处承担。

（i）根据请求，帮助缔约国查明非法运输案件，并将它收到的有关非法运输的任何资料立即转告有关缔约国。

（j）在发生紧急情况时，与各缔约国以及与有关主管国际组织合作，以便提供专家和设备，迅速援助有关国家。

（k）履行缔约国会议可能决定的与本公约宗旨有关的其他职责。

2. 在依照第十五条举行的缔约国第一次会议结束之前，由联合国环境规划署暂时履行秘书处职责。

3. 缔约国应在第一次会议上从已经表示愿意履行本公约规定的秘书处职责的现有合格政府间组织之中指定某一组织作为秘书处。在这次会议上，缔约国还应评价临时秘书处特别是履行以上第 1 款所述职责的情况，并决定适宜于履行那些职责的组织结构。

第十七条　公约的修改

1. 任何缔约国可对本公约提出修正案，议定书的任何缔约国可对该议定书提出修正案。这种修正，除其他外，应适当考虑到有关的科学和技术方面。

2. 对本公约的修正案应在缔约国第一次会议上通过。对任何议定书的修正应于该议定书的缔约国会议上通过。对本公约或任何议定书建议的任何修正案，除在有关议定书里另有规定外，应由秘书处至迟于准备通过修正案的会议六个月以前送交各缔约国。秘书处亦应将建议的修正案送交本公约的签署国，以供参考。

3. 各缔约国应尽量以协商一致方式对本公约的任何修正达成协议。如果尽了一切努力谋求一致意见而仍然未能达成协议，则最后的办法是以出席并参加表决的缔约国的3/4多数票通过修正案。通过的修正案应由保存人送交所有缔约国，供其批准、核准、正式确认或接受。

4. 以上第3款说明的程序应适用于对任何议定书的修正，唯一不同的是这种修正案的通过只需要出席并参加表决的缔约国的2/3多数票。

5. 修正案的批准、核准、正式确认或接受文书应交保存人保存。依照以上第3款或第4款通过的修正案，除非有关议定书里另有规定，应于保存人接到至少3/4接受修正案的缔约国的批准、核准、正式确认或接受文书之后第90天，在接受修正案的各缔约国之间开始生效。任何其他缔约国存放其对修正案的批准、核准、正式确认或接受文书90天之后，修正案对它生效。

6. 为本条的目的，"出席并参加表决的缔约国"一语，是指在场投赞成票或反对票的缔约国。

第十八条　附件的通过和修正

1. 本公约或任何议定书的附件应成为本公约或该议定书的一个构成部分，因此，除非另有明确规定，凡提及本公约或议定书时，亦包括任何附件在内。这种附件只限于科学、技术和行政事项。

2. 除任何议定书就其附件另有规定外，本公约的增补附件或一项议定书的附件的提出、通过和生效，应适用下列程序：

（a）本公约及议定书的附件应依照第十七条第 2、3 和 4 款规定的程序提出和通过；

（b）任何缔约国如果不能接受本公约的某一增补附件或其作为缔约国的任何议定书的某一附件，应于保存人就其通过发出通知之日起六个月内将此情况书面通知保存人，保存人应于接到任何此种通知后立即通知所有缔约国，缔约国可于任何时间以接受文书代替此前的反对声明，有关附件即对它生效；

（c）在保存人发出通知之日起满六个月之后，该附件应即对未曾依照以上（b）项规定发出通知的本公约或任何有关议定书的所有缔约国生效。

3. 本公约附件或任何议定书附件的修正案的提出、通过和生效，应遵照本公约附件或议定书附件的提出、通过和生效所适用的同一程序。附件及其修正案，除其他外，应适当考虑有关科学和技术方面。

4. 如果 个增补附件或对某一附件的修正，涉及对本公约或对任何议定书的修正，则该增补附件或修正后的附件应于对本公约或对该议定书的修正生效以后才能生效。

第十九条　核查

任何缔约国如有理由相信另一缔约国正在做出或已做出违背其公约义务的行为，可将该情况通知秘书处，并应同时立即直接地或通过秘书处通知被指控的一方。所有有关资料应由秘书处送交各缔约国。

第二十条　争端的解决

1. 缔约国之间就本公约或其任何议定书的解释、适用或遵守方面发生争端时，有关缔约国应通过谈判或以它们自行选定的任何其他和平方式谋求争端的解决。

2. 如果有关缔约国无法以上款所述方式解决争端，在争端各方同意的情况下，应将争端提交国际法院或按照关于仲裁的附件六所规定的条件提交仲裁。不过，不能将该争端提交国际法院或通过仲裁达成共同协议，不免除争端各方以第 1 款所指方式继续谋求其解决的责任。

3. 在批准、接受、核准、正式确认或加入本公约时或其后的任何时候，一个国家或政治和（或）经济一体化组织可以声明，它承认对接受同样义务的任何缔约国而言，下列办法为强制性的当然办法并无须订立特别协定：

（a）将争端提交国际法院；和（或）

（b）按照附件六所规定的程序进行仲裁。

此种声明应以书面通知秘书处，秘书处应转告各缔约国。

第二十一条　签字

本公约应于 1989 年 3 月 22 日在巴塞尔，从 1989 年 3 月 23 日起至 1989 年 6 月 30 日在伯尔尼瑞士外交部，并从 1989 年 7 月 1 日起至 1990 年 3 月 22 日在纽约联合国总部，开放供各国、由联合国纳米比亚理事会代表纳米比亚以及由各政治和（或）经济一体化组织签字。

第二十二条　批准、接受、正式确认或核准

1. 本公约须由各国和由联合国纳米比亚理事会代表纳米比亚批准、接受或核准并由各政治和（或）经济一体化组织正式确认或核准。批准、接受、正式确认或核准的文书应交由保存人保存。

2. 以上第 1 款所指的任何组织如成为本公约的缔约方而该组织并没有任何一个成员是缔约国，则该缔约组织应受本公约规定的一切义务的约束。如这种组织的一个或更多个成员是本公约的缔约国，则该组织及其成员应就履行其本公约义务的各自责任做出决定。在这种情况下，该组织和成员不应同时有权行使本公约规定的权利。

3. 以上第 1 款所指的组织应在其正式确认或核准文书中声明对本公约所涉事项的职权范围。这些组织也应将其职权范围发生任何重大变化的情况通知保存人，后者应转告各缔约国。

第二十三条　加入

1. 本公约应自签署截止日期起开放供各国、由联合国纳米比亚理事会代表纳米比亚以及由各政治和（或）经济一体化组织加入。加入书应交由保存人保存。

2. 以上第 1 款中所指的组织应在其加入文书内声明它们对本公约所涉事项的职权范围。这些组织也应将其职权范围发生任何重大变化的情况通知保存人。

3. 第二十二条第 2 款的规定应适用于加入本公约的经济一体化组织。

第二十四条　表决权

1. 除第 2 款之规定外，本公约每一缔约国应有一票表决权。

2. 各政治和（或）经济一体化组织对于按第二十二条第 3 款和第二十三条第 2 款规定属于其职权范围的事项行使表决权时，其票数相当于其作为本公约或有关议定书的缔约国的成员数目。如果这些组织的成员行使其表决权，则该组织就不应行使表决权，反之亦然。

第二十五条　生效

1. 本公约应于第 20 份批准、接受、正式确认、核准或加入文书交存之日以后第 90 天生效。

2. 对于在交存第 20 份批准、接受、核准、正式确认或加入之日以后批准、接受、核准或正式确认公约或加入本公约的每一国家或政治和（或）经济一体化组织，本公约应于该国或该政治和（或）经济一体化组织的批准、接受、核准、正式确认或加入文书交存之日以后第 90 天生效。

3. 为以上第 1 款和第 2 款的目的，一个政治和（或）经济一体化组织交存的任何文书不应被视为该组织的成员交存的文书以外的附加文书。

第二十六条　保留和声明

1. 不得对本公约做出任何保留或例外。

2. 本条第 1 款的规定并不排除某一国家或政治和（或）经济一体化组织在签署、批准、接受、核准或加入本公约时，除其他外，为使其法律和条例与本公约的规定协调一致而做出无论何种措辞或名称的宣言或声明，只要此种宣言或声明的意旨不是排除或改变本公约条款适用于该国或组织时的法律效力。

第二十七条　退出

1. 在本公约对一缔约国生效之日起三年之后的任何时间，该缔约国经向保存人提出书面通知，可以退出本公约。

2. 退出应在保存人接到退出通知起一年后生效，或在退出通知上指明的一个较后日期生效。

第二十八条　保存人

联合国秘书长为本公约及其任何议定书的保存人。

第二十九条　作准文本

本公约的阿拉伯文、中文、英文、法文、俄文和西班牙文原本均为作准文本。

为此，下列全权代表，经正式授权，在本公约上签字，以昭信守。

1989 年 3 月 22 日订于巴塞尔

铅蓄电池生产企业集中收集和跨
区域转运制度试点工作方案

关于印发《铅蓄电池生产企业集中收集和跨区域
转运制度试点工作方案》的通知

各省、自治区、直辖市、新疆生产建设兵团生态环境（环境保护）厅
（局）、交通运输厅（局、委）：

为落实《废铅蓄电池污染防治行动方案》有关要求，推动铅蓄电池生产企业落实生产者责任延伸制度，建立规范有序的废铅蓄电池收集处理体系，现将《铅蓄电池生产企业集中收集和跨区域转运制度试点工作方案》印发给你们，请认真组织落实。

生态环境部办公厅

交通运输部办公厅

2019 年 1 月 24 日

铅蓄电池生产企业集中收集和跨区域
转运制度试点工作方案

为落实《废铅蓄电池污染防治行动方案》，开展废铅蓄电池集中收集和跨区域转运制度试点，推动铅蓄电池生产企业落实生产者责任

延伸制度，建立规范有序的废铅蓄电池收集处理体系，制定本方案。

一　总体要求

（一）指导思想

全面贯彻党的十九大和十九届二中、三中全会精神，以习近平新时代中国特色社会主义思想为指导，深入落实习近平生态文明思想和全国生态环境保护大会精神，将铅蓄电池污染防治作为打好污染防治攻坚战的重要内容，加快推动建立生产者责任延伸制度，不断完善配套政策法规体系，充分发挥铅蓄电池生产企业主体作用，提高废铅蓄电池规范收集处理率，有效防控环境风险。

（二）基本原则

政府推动，企业主导。发挥政府部门的积极引导和政策支持作用，发挥铅蓄电池生产企业在落实生产者责任延伸制度中的主体作用，形成有利的制度体系和市场环境。

强化监管，先行先试。选择有一定工作基础的地区开展试点，严格组织审核与过程监管，强化试点企业主体责任，积极探索铅蓄电池生产企业集中收集和跨区域转运管理模式。

分类管理，防控风险。根据废铅蓄电池环境风险大小，实施分类管理，着力防控废铅蓄电池集中收集和跨区域转运的环境风险。

（三）工作目标

到 2020 年，试点地区铅蓄电池领域的生产者责任延伸制度体系基本形成，废铅蓄电池集中收集和跨区域转运制度体系初步建立，有效防控废铅蓄电池环境风险；试点单位在试点地区的废铅蓄电池规范回收率达到 40% 以上。

二 试点范围

（一）试点单位

参与试点的单位应当是有一定规模和市场占有率的铅蓄电池生产企业及其委托的专业回收企业。鼓励试点单位依托有关行业协会、联盟等生产者责任组织联合开展试点工作。具有废铅蓄电池收集、利用、处置经营许可证的单位开展废铅蓄电池集中收集和跨区域转运活动，也可参照本方案执行。

（二）试点地区

在北京、天津、河北、辽宁、上海、江苏、浙江、安徽、福建、江西、山东、河南、湖北、海南、重庆、四川、甘肃、青海、宁夏、新疆等已经具有一定工作基础的省（区、市），开展铅蓄电池生产企业集中收集和跨区域转运制度试点工作。

（三）试点时间

试点工作自本通知印发之日起，至 2020 年 12 月 31 日结束。

三 试点内容

（一）建立铅蓄电池生产企业集中收集模式

1. 规范废铅蓄电池收集网点建设

试点单位可以依托铅蓄电池销售网点、机动车 4S 店、维修网点等设立收集网点（以下简称收集网点），收集日常生活中产生的废铅蓄电池，收集过程可豁免危险废物管理要求。根据环境风险大小将废铅蓄电池分为两类管理：未破损的密封式免维护废铅蓄电池（以下简称第 I 类废铅蓄电池）；开口式废铅蓄电池和破损的密封式免维护废铅蓄电池（以下简称第 II 类废铅蓄电池）。

收集网点可以利用现有场所暂时存放少量的废铅蓄电池，但应当划分出专门存放区域，采取防止废铅蓄电池破损及酸液泄漏的措施，并在显著位置张贴废铅蓄电池收集提示性信息。第Ⅱ类废铅蓄电池应当放置在耐腐蚀、不易破损变形的专用容器内，防止酸液泄漏造成环境污染。

2. 规范废铅蓄电池集中贮存设施建设

试点单位应设立废铅蓄电池集中贮存设施（以下简称集中转运点），将收集的废铅蓄电池在集中转运点集中后，转移至持有危险废物经营许可证的废铅蓄电池利用处置单位。

试点单位设立的集中转运点，应当符合所在地省级生态环境部门的要求。可以依托现有铅蓄电池产品仓库、危险废物贮存设施设立具有一定规模的废铅蓄电池集中转运点，但应当划分出专门贮存区域，采取防止废铅蓄电池破损及酸液泄漏的措施，并设置危险废物标识、标签。依托铅蓄电池产品仓库设立的集中转运点和新建的专用集中转运点，均应当依法办理危险废物贮存设施环境影响评价报告文件。应保持废铅蓄电池的结构和外形完整，严禁私自损坏废铅蓄电池；第Ⅱ类废铅蓄电池应当妥善包装，放置在耐腐蚀、不易破损变形的专用容器内，单独分区存放并配备必要的污染防治措施。

3. 申请领取废铅蓄电池收集经营许可证

试点单位从事废铅蓄电池收集活动，应向省级生态环境部门申请领取危险废物收集经营许可证。省级生态环境部门颁发危险废物收集经营许可证时，应载明全部集中转运点的名称、地址和贮存能力等内容。领取危险废物收集经营许可证的试点单位，可以在发证机关管辖的行政区域内通过集中转运点收集企业事业单位产生的废铅蓄电池。

（二）规范废铅蓄电池转运管理要求

1. 废铅蓄电池转移管理要求

收集网点向集中转运点转移第Ⅰ类废铅蓄电池，应当做好台账记录，如实记录废铅蓄电池的数量、重量、来源、去向等信息。收集网点向集中转运点转移第Ⅱ类废铅蓄电池的，以及企业事业单位向集中转运点、集中转运点向废铅蓄电池利用处置单位转移废铅蓄电池的，应填写危险废物转移联单。危险废物转移联单中，应根据《危险货物道路运输规则》（JT/T 617）注明废铅蓄电池对应的危险货物联合国编号。

集中转运点应当制定危险废物管理计划，并定期向所在地县级以上地方生态环境部门申报废铅蓄电池收集、贮存的数量、重量、来源、去向等有关资料。危险废物管理计划中，应当包括危险废物转移计划。

2. 废铅蓄电池运输管理要求

通过道路运输废铅蓄电池，应当遵守《道路危险货物运输管理规定》和《危险货物道路运输规则》（JT/T 617）的规定，并按要求委托具有危险货物道路运输相应资质的企业或单位运输。破碎的废铅蓄电池应放置于耐腐蚀的容器内，并采取必要的防风、防雨、防渗漏、防遗撒措施。操作人员应接受危险货物道路运输专业知识培训、安全应急培训，装卸废铅蓄电池时应采取措施防止容器、车辆损坏或者其中的含铅酸液泄漏。

在满足上述包装容器、人员培训及装卸条件时，以下三种废铅蓄电池可按照普通货物进行管理，豁免运输企业资质、专业车辆和从业人员资格等危险货物运输管理要求：

（1）符合《危险货物道路运输规则　第3部分：品名及运输要求

索引》（JT/T 617.3）附录 B 所列第 238 项特殊规定，危险货物联合国编号为"2800"（蓄电池，湿的，不溢出的，蓄存电的）的废铅蓄电池；

（2）不符合《危险货物道路运输规则 第 3 部分：品名及运输要求索引》（JT/T 617.3）附录 B 所列第 238 项特殊规定，但符合《危险货物道路运输规则 第 1 部分：通则》（JT/T 617.1）第 5.1 条要求，每个运输单元载运重量不高于 500 公斤的危险货物联合国编号为"2800"（蓄电池，湿的，不溢出的，蓄存电的）的废铅蓄电池；

（3）符合《危险货物道路运输规则 第 1 部分：通则》（JT/T 617.1）第 5.1 条要求，每个运输单元载运重量不高于 500 公斤的危险货物联合国编号为"2794"（蓄电池，湿的，装有酸液的，蓄存电的）的废铅蓄电池。

3. 提升废铅蓄电池跨区域转运效率

跨省（区、市）转移废铅蓄电池的，应当经移出地和移入地省级生态环境部门批准。鼓励省级生态环境部门之间开展区域合作，简化跨省（区、市）转移第 I 类废铅蓄电池审批手续，试点期间对试点单位跨省（区、市）转移申请可进行一次性审批。跨省（区、市）转移第 II 类废铅蓄电池的，要严格遵守危险废物转移管理的有关规定。

（三）强化废铅蓄电池收集转运信息化监督管理

试点单位应建立废铅蓄电池收集处理数据信息管理系统，如实记录收集、贮存、转移废铅蓄电池的数量、重量、来源、去向等信息，并实现与全国固体废物管理信息系统或者各省自建信息系统的数据对接。

各试点地区要依托全国固体废物管理信息系统或者与该系统对接的各省自建信息系统，建立废铅蓄电池收集处理专用信息平台，对废铅蓄电池收集、贮存、转移、利用处置情况进行汇总、统计分析和核查管理。废铅蓄电池转移必须通过全国固体废物管理信息系统或者与该系统对接的各省自建信息系统运行危险废物电子转移联单。

四　组织实施

（一）试点单位自行申报

申请试点单位应当根据本方案和试点地区省级生态环境部门的要求，编制具体实施方案并确定试点工作目标（2020 年底前，使本单位在试点地区的废铅蓄电池规范收集处理率达到 40％以上），向试点地区省级生态环境部门提交申请。

（二）试点单位应当具备的条件

有危险废物标识、管理计划、申报登记、转移、突发环境事件应急预案等环境管理制度以及危险货物运输管理制度；有配套的污染防治措施和事故应急救援措施；集中转运点具备专用贮存场地、运输工具、收集包装设备；申请试点单位及其法定代表人近一年没有因发生突发环境事件和环境违法行为受到刑事处罚。

（三）试点单位的审核确定

试点地区省级生态环境部门要组织对申请试点单位的申报材料和相关污染防治设施进行评审或现场核查，根据评审或现场核查结果确定试点单位并进行公示；对符合条件的，颁发危险废物收集经营许可证，并予以公告。试点单位数量由试点地区省级生态环境部门根据实际情况确定。

五　工作要求

（一）加强组织领导

本试点工作由省级生态环境部门负责组织实施。试点地区省级生态环境部门要高度重视，会同交通运输部门健全工作机制，制定试点工作实施方案，因地制宜明确试点工作目标、任务要求、标准规范和保障措施，认真组织开展试点工作。

试点地区省级生态环境部门要会同交通运输部门于 2019 年 2 月底前将实施方案分别报送生态环境部和交通运输部备案，2019 年 12 月底前将试点工作进展情况报送生态环境部，2020 年 12 月底前将试点工作总结报告报送生态环境部和交通运输部。

其他拟开展试点工作的省（区、市）应向生态环境部提交申请。

（二）严格监督管理

生态环境部门要加强对试点单位的指导与监督检查，对在试点申报、信息报送过程中存在弄虚作假行为的、未按照试点实施方案开展试点工作的以及试点期间引发重大环境污染事件的，要依法依规处理，情节严重的，取消试点资格。

生态环境部门要加强对试点单位和废铅蓄电池利用处置企业的监管，督促落实各项管理制度；加大废铅蓄电池环境违法行为打击力度，将非法转移、倒卖、利用处置废铅蓄电池的违法企业事业单位和其他生产经营者信息纳入生态环境领域违法失信名单，实行公开曝光，涉嫌犯罪的，移交司法机关。

交通运输部门要依法加强危险货物道路运输企业的监管，指导其采取保障运输安全的措施并遵守危险货物运输管理的有关规定，依法打击废铅蓄电池运输违法违规行为。

（三）加大信息公开和公众参与

试点单位应向社会公布全部废铅蓄电池收集网点和集中转运点的名称、地址和联系方式，运输车辆信息和收集作业人员联系方式，环境保护制度和污染防治措施落实情况等信息。

试点地区省级生态环境部门应在政府网站上公布本地区全部试点单位及其收集网点和集中转运点名称、地址、联系方式，并通报同级发展改革、工业和信息化、财政、公安、交通运输、商务、税务、市场监管等部门。要充分利用网络、广播、电视、报刊等新闻媒体，开展废铅蓄电池环境健康危害教育，广泛宣传废铅蓄电池收集处理的相关政策。建立有奖举报机制，鼓励公众通过"12369"环保举报热线、信函、电子邮件、政府网站、微信平台等途径，对非法收集、非法冶炼再生铅等环境违法行为进行监督和举报。

抄送：生态环境部固体废物与化学品管理技术中心。

生态环境部办公厅 2019 年 1 月 28 日印发

图书在版编目（CIP）数据

再生资源产业绿色发展研究：基于再生铅的点、链
、网视角／田西著． -- 北京：社会科学文献出版社，
2019.12
　　ISBN 978 - 7 - 5097 - 6321 - 6

　　Ⅰ.①再…　Ⅱ.①田…　Ⅲ.①再生资源行业 - 产业发
展 - 研究 - 中国　Ⅳ.①F259.2

　　中国版本图书馆 CIP 数据核字（2019）第 300442 号

再生资源产业绿色发展研究
———基于再生铅的点、链、网视角

著　　者／田　西

出 版 人／谢寿光
组稿编辑／高　雁
责任编辑／冯咏梅
文稿编辑／王春梅

出　　版／社会科学文献出版社·经济与管理分社（010）59367226
　　　　　地址：北京市北三环中路甲29号院华龙大厦　邮编：100029
　　　　　网址：www. ssap. com. cn
发　　行／市场营销中心（010）59367081　59367083
印　　装／三河市尚艺印装有限公司

规　　格／开本：787mm×1092mm　1/16
　　　　　印张：14　字数：173千字
版　　次／2019年12月第1版　2019年12月第1次印刷
书　　号／ISBN 978 - 7 - 5097 - 6321 - 6
定　　价／128.00元

本书如有印装质量问题，请与读者服务中心（010 - 59367028）联系